夏丏尊自述

夏丏尊 著

泰山出版社·济南·

图书在版编目（CIP）数据

夏丏尊自述 / 夏丏尊著. -- 济南：泰山出版社，2022.12

ISBN 978-7-5519-0733-0

Ⅰ.①夏… Ⅱ.①夏… Ⅲ.①夏丏尊（1886—1946）—自传 Ⅳ.① K825.6

中国版本图书馆CIP数据核字（2022）第167792号

XIAMIANZUN ZISHU

夏丏尊自述

责任编辑 王艳艳　王凌云
装帧设计 路渊源

出版发行　泰山出版社
　　　　　社　　址　济南市泺源大街2号　邮编　250014
　　　　　电　　话　综　合　部（0531）82023579　82022566
　　　　　　　　　　出版业务部（0531）82025510　82020455
　　　　　网　　址　www.tscbs.com
　　　　　电子信箱　tscbs@sohu.com
印　　刷　山东新华印务有限公司
成品尺寸　150 mm × 230 mm　16开
印　　张　11.25
字　　数　145千字
版　　次　2022年12月第1版
印　　次　2022年12月第1次印刷
标准书号　ISBN 978-7-5519-0733-0
定　　价　39.00元

凡 例

一、本书收录了作者的相关经典文章或片段，主要展现了作者的学术历程或情感操守等。

二、将所选文章改为简体横排，以适应当代的阅读习惯。所选文章尽量依照原作，以保持文章的时代原貌，有些地方参照当下最新的整理成果进行了适当修改。

三、所选文章没有标题或者标题重复的，编辑时另行拟加或改拟。个别文章为相近内容之汇辑，另拟新题。

四、对有些当时使用的文字，如"的""地""得""化钱""记帐"等，均一仍其旧。

目录

001　学斋随想录
002　教育的背景
008　家族制度与都会
011　一九一九年的回顾
014　误用的并存和折中
017　中国的实用主义
022　读书与冥想
026　学说思想与阶级
031　近事杂感
034　无　奈
036　彻　底
038　知识阶级的运命
048　你须知道自己

055　其实何曾突然

056　新年的梦想

057　命相家

061　光复杂忆

063　灶君与财神

067　一种默契

069　良乡栗子

072　幽默的叫卖声

074　好话与符咒式的政治

077　怯弱者

087　闻歌有感

093　长　闲

100　猫

108　春晖的使命

111　我的中学时代

118　我之于书

120　白马湖之冬

122　紧张气氛的回忆

125　春的欢悦与感伤

127　中年人的寂寞

130　两个家

134　钢铁假山

137　试　炼

139　一个追忆

142　早老者的忏悔

145　整理好了的箱子

148　文艺随笔

152　"中"与"无"

158　谈　吃

162　人所能忍受的温度

166　文学的力量

170　原始的媒妁

学斋随想录

吾人于专门职业以外，当有多方之趣味。军人只知军人之事，商人只知商人之事，彼此谈话至无共通适当之材料，其苦何堪？为将来之教师者宜注意及之。酱之只有酱气者，必非善酱；肉之只有肉气者，必非善肉；教师之只有教师气者，必非善教师也。

福有重至，祸不单行。富者安坐而资入，购物多而价自贱；贫者辛苦所得，反为捐税等所夺。优等生受教师之奖励，勤勉益力；劣等生受教师之呵责，志气愈消。天下不平之事孰甚于斯？耶稣有言曰：有者被赐，无有者并须夺其所有。

斯世无限之烦恼，可籍美以求暂时之解脱。见佳景美画，闻幽乐良曲，有遑忆名利恩怨者否？

人之虚伪心竟到处跋扈，普通学生之作文亦全篇谎言。尝见某小学学生之《西湖游记》，大用携酒赋诗等修饰，阅之几欲喷饭。其师以雅驯，密密加圈。实则现在一般之文学，几无不用"白发三千丈"的笔法。循此以往，文字将失信用，在现世将彼此误解，于后世将不足征信。矫此颓风者，舍吾辈而谁？

（原刊于1913年浙江第一师范《校友会志》第1号）

教育的背景

不论绘画戏剧小说，凡是一种艺术，大概都应当有背景。背景就是将事物的情况烘托显现出来，叫人不但看见事物，并且在事物以外，受着别种感动刺激的一种周围的景象。事物的好坏，不是单独可以判定的，必须摆入一种背景的当中，方才可以认得它的真相，了解它的意义。所以在艺术上，这个背景很有重要的位置。

中国人一向不大讲究背景：画地是白的。戏剧里面的开门关门，光是用手装一个样子；车子只有两扇旗子，骑马也只有一支马鞭就算了。近来虽已经加了布景，但是不管戏情，用来用去，总是这几种老样式，也可算不讲究背景的证据了。至于古来的诗词，却颇多用背景的。用了背景，就添出许多的情趣。譬如"风萧萧兮易水寒，壮士一去兮不复还"，这可算得最悲壮的文字了。但是离开了第一句，便失却它悲壮的意味，因为第一句就是第二句的背景的缘故。其余如"暝色入高楼，有人楼上愁""落日照大旗，马鸣风萧萧"等许多好文章，也都可以用这个道理来说明它的好处。

从此看来，背景差不多可算艺术的生命了。教育从一种意义说也是一种艺术，主张这一说的人近来很多。就是当初将教育组成为一种科学的海尔把尔脱，也有这个意见——也应当有背景。没有背景的艺术，不能叫它艺术。没有背景的教育，也不能叫它教育。

甚么叫做教育的背景？这个问题可分几层解释。

第一，我们所行的教育是人的教育，当然应当用人来做背景。人究竟是个甚么？这个原是最古的疑问，到现在还没有十分解决的。原来人有两种方面：一种是动物的方面，就是肉的方面；一种是理性的方面，就是灵的方面。古今东西的哲人都从这两方面来解释人。因为注重的地方不同，就生出种种的意见来了。西洋史上显然有这两个潮流：希腊及罗马初期的人注重肉的方面；基督教徒注重灵的方面，就是他的反动。这两种主张彼此冲突，结果就变了宗教战争。文艺复兴以后到十九世纪，就是主肉主义全盛的时代，近来学者大概主张灵肉一致了。这个灵肉一致，在我们中国却是已经有过的思想，孔子所谓"从心所欲不逾矩"，就是灵肉一致的状态。

这个人字的解释将来不知还要如何变迁，现在的理想大概是灵肉一致了。所以我们看人不可看得太高，也不可看得太低。进化论一派的学者说人不过为生物的一种，这样看人未免太低。但是用一般所说的人为万物之灵可以支配一切的看法来看人，也未免看得太高。这两种都不是人的真相。人原本是两面兼有的，一面有肉欲的本能，一面还有理性的本能。一面有利己的倾向，一面还有利他的倾向。一面有服从的运命，一面还有自由的要求。这两方面使他调和一致，不生冲突，这就是近代人的理想。近来伦理学上主张自我实现，教育上主张调和发达，也无非想满足这

个要求。"不管学生将来入何等职业,先使他成功一个人。"卢梭这句话说在百年以前,在现在还是真理。现在普通教育中所列的科目,都是养成人的材料——不是教育之目的物,也不是学问。地理是从横的方面解释人生的,历史是从直的方面解释人生的,数学是锻炼人的头脑的,理科是说明人的周围及人与自然界之关系的,语言文字是了解人与人的思想的,体操是锻炼人的身体意志的,其他像手工农业等,虽像也有点带着职业的色彩,但是在普通教育中,仍是注重陶冶品性的一面。总之,现在普通教育上所列的科目,除了以人为背景以外,完全是毫无意义的。若当作教育之目的物看,当作学问看,那就大错了。

我们中国办学已经二十年光景,这个道理好像大家还没有了解。社会上大概批评学校里的课程无用。有几种父兄竟要求学校说:"我的子弟只要叫他学些国文算学。体操手工没有甚么用场,不必叫他学。"普通学校里的学生也有专欢喜国文的,也有专欢喜数学的,也有专欢喜史地的。遇着洒扫劳动的作业,大家就都不耐烦。这种都是将材料当作目的物看,当作学问看,不当它养成人的方便看的缘故。不但社会和学生不晓得这个道理,就是教育者,不晓得这个道理的也很多。现在大多的教育者,无非将体操当作体操教,将算术当作算术教,将手工当作手工教罢了。

课程自课程,人自人,这种无背景的教育,就是再办几十年也没有甚么效果。所以教育上第一件是要以人为背景。

人是教育第一种的背景了。无论何物,不能离开空间与时间的两大关系,这个空间时间,在人就是境遇和时代了。不论英雄豪杰，都逃不了境遇和时代的支配。印度地处热带，山川动植物皆极伟大，他的自然界恍如扑倒人生，所以有佛教思想。中欧气候温和，山川柔媚，所以有自由思想。批评家看见绘画诗文，就是无名的，也能大略辨别它是那代的制作，这都是人不能离开境遇和时代的证据。所以教育上，第二应当以境遇和时代为背景。

从前斯巴达以战争立国，奖励敏捷，教育甚至提倡盗窃。这虽是已甚的例，足见时代和境遇所要求的知识，才是有用的知识了。现在是何等时代、我们现在是何等境遇，这都是教育家所应当考求的问题。教育家虽然不能促进时代、改良境遇，断不可违背大势去误人子弟。已经这个时候了，还要去讲《春秋》的大义，冕旒的制度，教人读《李斯论》《封建论》的文章，出《岳飞论》《始皇论》的题目，学少林、天台派的拳棒，使学生变成半三不四的人物，学了几年，一切现在的制度，生活上应有的常识，仍旧茫然。这不是现在教育界的罪恶么？八股时代有一句讥诮读书人的话，说道"八股通世故不通"，现在的教育界能逃避这个讥诮么？

一国有一国的历史，自然不能样样模仿他人，但是一般的趋势，也应该张开眼来看看。一味的保守因袭，便有不合时宜、阻止进步的流弊。旧材料并非不可用，就是用这个材料的态度，很宜注意。一切历史上事实，无非人文进化的过程。这个过程，并无可宝贵的价值。若用了这些材料来说明现在的文化的来历，使人了解所以有新文化的道理和新文化的价值，自然是应该的事。若食古不化，拘泥了这个过程，这就是于现在生活无关系的用法，这种教育就是无背景的教育了。时势既到了今，不能再回到

古去。历史上虽然也有复活的事实，但所谓复活者，并不是与前次一式一样，毫无变易的。譬如以前衣服流行大的，后来流行小的，近来又渐渐地流行大的了。近来的大的与以前的大的，究竟式样不同，以前的大，却不失为现在的大的过程。但若是要想拿来混充新的，这是万不能够的事。现在教育家只求博古，不屑通今，所以教育界中完全是尊古卑今的状态。十几岁的学生一动着笔便是古者如何，今则如何，居然也有"江河日下，世风不古"的一种遗老的口吻。这虽是他们思想枯窘聊以塞责的口头禅，也可算是教育不合时势的流毒了。所以要主张以境遇时代为教育的背景。

上面两种背景以外，还有第三种的背景，就是教育者的人格。现在的学校教育是学店的教育，教育者与被教育者的中间但有知识的授受，毫无人格上的接触；简直一句话，教育者是卖知识的人，被教育者是买知识的人罢了。机械的大家卖来卖去，试问这种知识有甚么用处？真正的教育需完成被教育者的人格，知识不过人格一部分，不是人格的全体。现在学校教育何尝无管理训练，但是这个管理训练与教授绝对的无关系。教育者大概平日只负教授的责任，遇着管理训练的时候，便带起一副假面具，与平时绝对成两样的态度了。这种管理训练除了以记过除名为后盾以外，完全不能发生效力——愈发生效力，结果愈不好，因为于人格无关系的缘故。

人格恰如一种魔力，从人格发出来的行动，自然使人受着强大的感化。同是一句话，因说话者人格的不同，效力亦往往不同。这就是有人格的背景与否的分别。空城计只好让诸葛亮摆的，换了别个便失败了；诸葛亮也只好摆一次的，摆第二次便不灵了。

"以言教者讼，以身教者从"，教育者必须有相当的人格，被教育者方能心悦诚服。只靠规则是靠不住的。我说这句话，并不是凡是教育者必须贤人圣人的意思。理想的人物本是不可多得的，我并不要求教育者皆有完美之人格。原来学校所行的教育，都不过是一种端绪，一切教科，无非是基本的事项，不是全体。所以教育者于人格方面，也只求能表示基本的端绪够了。这个人格的基本端绪，比了教科的基本端绪成就虽难，但是不能说这是无理的要求。

这个三种，是教育的背景，教育离开了这三种，就无意义。试问现在的教育用甚么做背景？有没有背景？

（原刊于1919年4月、6月《教育潮》第1卷第1期、第2期）

家族制度与都会

近年以来，中国已入世界文明的旋涡，一切制度、习惯、思想、道德，从根本上都有点摇动起来。就中最成问题的就是家族制度。因为中国自国体改变以后，三纲当中已消灭了一纲，现在的制度、风俗、道德，完全立在家族制度上面；如果家族制度再一摇动，中国的旧文明、旧道德就要全体破产。这种现象自然很危险，至于好与不好，都是另外问题，因为这种现象自身有坚牢的根据，你就是说它不好，也没法反对。

对于家族制度的怀疑虽然是近代思潮的表现，但是尚有另外的原因。另外的原因是甚么？就是都会。中国近来因交通的便利及中央集权，都会渐渐兴盛起来，工商突然进步，农业渐失势力。乡村的穷人大家趋集都会来谋生活，在乡村的富者也大家赶到都会里来寻他们的快乐。都会的人口逐渐增加，生活自然困难起来。但是都会所有的无非是住宅、工场、商店、戏馆、妓院……自然产物丝毫没有，完全要靠乡村供给的。乡村受了都会的影响，物价也自然腾贵，在乡村的人收入渐渐不够生活，自然也闯入都会里来谋较充裕的生活。种种原因使都会人口增加，都会就变成生存竞争的中心点。中国没有精确的统计，各都会的人口无从晓得；据西洋统计家说，伦敦一市的人口比苏格兰全土要多。中国虽然没有这样已甚的例，但是也可想象都会人口繁多了。

都会生活与家族制度根本上不能不生冲突，乡村有宗祠，都会没有宗祠，就是证据。本来住在都会里的人大概只有家庭，没有家族；在都会作客的人虽然在乡村仍有家族，但是因都会上职业样式的变迁，事实上也不能够维持他在乡村的家族制度。譬如经商的人，照向来的老规矩，一年可以回家一次或二次。这个假期虽然有限，但是几时回家，除商店繁忙期外，差不多自由的。近来新式的银行、公司渐渐增加，它们的组织和旧式商店完全不同，不能在店宿食，不能长期告假，在这种地方营职的人自然不能不带家眷，在生活所在地营小家庭了。又如做教师的，在旧时私塾里面，先生坐馆的日子大约每年七个月到八个月——就叫做经七蒙八——几时放假，几时到馆，完全可以自由。先生家里如若有事，清明假早放几天或移迟几天，都不要紧的。改了学校以后，情形大不相同，每天却有空的时间，要缺课一日却不大能够；在这学校里奉职的人也只得"尽室偕行"了。其他各项职业，现在差不多都有这个倾向，大概可以推想而知，农业本来是与家族制度最相宜的，但是近来因耕种地缺乏及垦辟事业的发达，农民当中轻弃其乡的却也不少。这种都是事实上的问题，并非几句传袭的古训所能牢笼维系的！

因了上面所说的事实，"聚族而居"的家族制度已受了致命的损伤。将来交通实业如若再兴盛起来，都会吸收人口的势力还要增加，家族制度当然不能存在。我们应当趁这个时候预先创造别的新组织，来补充这个缺陷。空说保守是没有用的。希望做教

育者稍为放大点眼光,将这种实际上的问题注意注意,不要一味地再将那些"命在旦夕"的家族观念,向将来要做都会生活的学生拼命注入,养成知行矛盾、反背时势的人!

(原刊于1919年10月30日浙江第一师范《校友会十日刊》第2号)

一九一九年的回顾

一九一九年，到今日为止，就要告终了！这一年的历史，在将来世界史上不知要占甚么样的位置？这个问题就是历史家，恐怕一时也不容易下一个简单的猜测。世界史上最可纪念的事件大概要算"文艺复兴""宗教改革""法国革命"……这几件。这种事件可以纪念的理由并不在它事件的本身，是在它所发生出来的各方面的影响，因为事件本身是有空间与时间的限制的，它的影响是可以不受时间与空间的限制，可以继续、变形随处发展的。一九一九年中所经过的事故，在政治、经济、社会、思想、生活各方面，都受着一种空前的刺激，而且这种刺激，无论那一民族那一国家，直接或间接的多少也都受着一点。这一年对将来的关系实在不小。有人说，"一九一九年的一年，可以抵从前的一个世纪"。据我的感想，觉得这句夸大的话还不能够形容这一年中的经过！

我们生在二十世纪，能够和世界上的人一同经过这多事的一九一九年，究竟是"躬逢其盛"，还是"我生不辰"？姑且不要管它。我们且用我们的记忆，于一九一九年将要完了的时候作一瞥的回顾。

这一年的经过，从世界方面说：有大战和议、各国罢工、

过激战争、劳动会议等等；从中国说：有青岛问题、福建问题、西藏问题、抵制日货、学生罢课、商人罢市、白话出版物、国民大会、学生联合会、南北不和不战、教员罢课等等；从浙江一省说：有议员加薪、学生罢课、提前放假、商人罢市、虎列拉、焚毁日货、国民大会等等，实在可算得一个"多事之秋"！我也说不得许多，姑且限定范围，从中国方面说——姑且从中国的教育方面说：

一九一九年中国教育界空前的一桩事，就是"五四运动"。"五四运动"的影响，不但教育界受着，不过教育界是它的出发点，自然影响受得更大。从前的教育界的空气何等沉滞！何等黑暗！经过了"五四运动"以后，从前的"因袭""成规"，都受了一种破产的处分，非另寻方法重立基础不可。虽然还有许多违背时事的教育者，"螳臂当车"地在那里要想仍旧用老规矩，来抵抗这磅礴的怒潮，但是我们总不能承认它是有效的事业。据我所晓得，大多数学校自本学年起，教授上管理上多少都有点改动，不过改动的程度和分量有点不同罢了。

有人说："五四运动以后的学风，比较以前嚣张，旧法已经破坏，新精神还没有确立，教授上管理上新的效力完全不能收得，反生出从前未有的恶风来。这种现象，难道可以乐观么？"我想现在的教育界，平心讲来，也究竟还没有完全上正当的轨道。不过从本学年起，已经有了一个"动"字；"动"得好，固然最好没有了；"动"得不好，也不该就抱悲观：因为"动"总比以前的"不动"好得多。天下本来不应该有"完全无缺"的事，逐渐改动，就是渐与"完全无缺"接近的方法，固滞不动，那是没有药医的死症！我对于一九一九年的教育界，所最纪念的就是一个"动"字！

　　但是，"动"有"动"的方向和程度。一九一九年的教育界于"动"的方向和程度上面，还有未满人意和我们理想的地方，自然应当想法改"动"。即使没有不满足的地方，也应该想法再"动"。这都是应该从一九二零年做起的事！所以我既然回顾了一九一九年的教育界，还要掉过头来迎接一九二零年的教育界！

（原刊于1919年2月浙江第一师范《校友会十日刊》第5号）

误用的并存和折中

从小读过《中庸》的中国人，有一种传统的思想和习惯，凡遇正反对的东西，都把他并存起来，或折中起来，意味的有无是不管的；这种怪异的情形，无论何时何地，都可随在发见。

已经有警察了，敲更的更夫依旧在城市存在，地保也仍在各乡镇存在。已经装了电灯了，厅堂中间时还挂着锡制的"满堂红"。剧场已用布景，排着布景的桌椅了，演剧的还坐布景的椅子以外的椅子。已经用白话文了，有的学校同时还教着古文。已经改了阳历了，阴历还在那里被人沿用。已经国体共和了，皇帝还依然坐在北京……这就是所谓并存。

如果能"并行而不悖"原也不妨。但上面这样的并存，其实都是悖的。中国人在这里有一个很好的方法来掩饰其悖，使人看了好像是不悖的。这方法是甚么？就是"巧立名目"。

有了警察以后，地保就改名"乡警"了；行了阳历以后，阴历就名叫"夏正"了；改编新军以后，旧式的防营叫做"警备队"了；明明是一妻一妾，也可以用甚么叫做"两头大"的名目来并存。这种事例举不胜举，实在滑稽万分。现在的督军制度，不就是以前的驻防吗？总统不就是以前的皇帝吗？都不是在那里借了巧立的名目，来与"民国"并存的吗？以彼例此，我们实在不能不怀疑了！

至于折中的现象，也到处都是。医生用一味冷药，必须再用一味热药来防止太冷；发辫剪去了，有许多人还把辫子的根盘留着，以为全体剪去也不好；除少数的都会的妇女外，乡间做母亲的有许多还用"太小不好，太大也不好"的态度，替女儿缠成不大不小的中脚。"某人的话是对的，不过太新了"，"不新不旧"也和"不丰不俭""不亢不卑"……一样，是一般人们的理想！"于自由之中，仍寓限制之意""法无可恕，情有可原"……这是中国式的公文格调！"不可太信，不可太不信"，这是中国人的信仰态度！

这折中的办法是中国人的长技，凡是外来的东西，一到中国人的手里就都要受一番折中的处分。折中了外来的佛教思想和中国固有的思想，出了许多的"禅儒"；几次被他族征服了，却几次都能用折中的方法，把他族和自己的种族弄成一样。这都是历史上中国人的奇迹！

"中西"两个字触目皆是，有"中西药房"，有"中西旅馆"，有"中西大菜"，有"中西医士"，还有中西合璧的家屋，不中不西的曼陀派的仕女画！

讨价一千，还价五百，不成的时候，就再用七百五十的中数来折中。不但买卖上如此，到处都可用为公式。甚么"妥协"，甚么"调停"，都是这折中的别名。中国真不愧为"中"国哩！

在这并存和折中主义跋扈的中国，是难有彻底的改革，长足的进步的希望。变法几十年了，成效在那里？革命以前与革命以后，除一部分的男子剪去发辫，把一面黄龙旗换了五色旗以外，有甚么大分别？迁就复迁就，调停复调停，新的不成，旧的不成，即

使再经过多少年月，恐怕也不能显著地改易这老大国家的面目吧！

我们不能不诅咒古来"不为已甚"的教训了！我们要劝国民吃一服"极端"的毒药，来振起这祖先传下来的宿疾！我们要拜托国内军阀："你们如果是要作孽的，务须快作，务须作得再厉害一点！你们如果是卑怯的，务须再卑怯一点！"我们要恳求国内的政客："你们的'政治'应该极端才好！要制宪吗？索性制宪！要联省自治吗？索性联省自治！要复辟吗？复辟也可以！要卖国吗？爽爽快快地卖国就是了！"我们希望我国军阀中，有拿破仑那样的人；我们希望我国"政治家"中，有梅特涅那样的人。辛亥式的革命、袁世凯式的帝制、张勋式的复辟、南北式的战争、忽而国民大会、忽而人民制宪、忽而联省自治等类不死不活不痛不痒的方子，愈使中华民国的毛病陷入慢性。我们对于最近的奉直战争，原希望有一面倒灭的，不料结果仍是一个并存的局面，仍是一个折中的覆辙！

社会一般人的心里都认执拗不化的人为痴呆，以模棱两可、不为已甚的人为聪明。中国人实在比一切别国的人来得聪明！同是圣人，中国的孔子比印度弃国出家的释迦聪明得多，比犹太的为门徒所卖、身受磔刑的耶稣也聪明得多哩！至于现在，国民比聪明的孔子更聪明了！

希望中国有痴呆的人出现！没有释迦、耶稣等类的太痴呆也可以，至少像托尔斯泰、易卜生等类的小痴呆是要几个的！现在把痴呆的易卜生的呆话，来介绍给聪明的同胞们吧：

"不完全，则宁无！"

（原刊于1922年5月《东方杂志》第19卷第10号）

中国的实用主义

前天，本校数学教师刘心如先生和我说："有一个学生问我，数学学了有甚么用？"我听了他的话，不觉想起了从书上看见过的一件故事来。几何学的老祖宗欧几利德曾聚集了许多青年教授几何，其中有一青年对于几何学也发生学了有甚么用的疑问来，去问欧几利德。欧几利德叫人拿两个铜币给他。这青年莫名其妙起来。欧几利德和他说："你不是问'用'吗？铜币是可'用'的，你拿去用吧！"

刘先生在本校所用的数学教科书是美国布利士的混合数学。美国是以重实用出名的国度，哲学上的实用主义，美国很有几个大家，美国的教育全重实用。这重实用的布利士的数学教科书，学了还怕没有用，中国人的实用狂，程度现在美国以上了！

中国民族的重实利由来已久，一切学问、宗教、文学、思想、艺术等等，都以实用实利为根据。

一、学问。中国古来少有独立的学问：历史是明君臣大义的，礼是正人心的，乐是易风移俗的，考据金石之学是用以解经的……那一件不是政治或圣人之经的奴隶？这就是各种学问的用处！

二、宗教。中国古来宗教的对象是天，"畏天""敬天"

等语时见于古典中。可是中国人对于天的敬畏,全是以吉凶祸福为标准的,以为天能授福,能降凶,畏天敬天就是想转凶为吉,避祸得福。这种功利的宗教心,和他民族的绝对归依的宗教心全异其趣。佛教原是无功利的色彩的,一传入中国也蒙上了一层实利的色彩。民众间的求神或为求子,或为免灾。所谓"急来抱佛脚",都是想"抛砖引玉",取得较多的报酬。

三、思想。中国无唯理哲学。《易经》总算是论高远的哲理的,但也并不是为理说理,是以为明了理可以致用的。甚么吉,甚么凶,甚么祸福等类的词,充满于全书中。可见《易经》虽说抽象的哲理,其目的所在仍是具体的实用,怪不得到现在流为占卜的工具了。到了孔子,这实用主义越发明白表示了。"未知生,焉知死""子不语怪力乱神",是何等现世的、实利的!孟子以后,这实利主义更加露骨。孟子教梁惠王、齐宣王行仁义,都是以"利"或富国强兵为钓饵的。

和孔孟相较,老子的思想似乎去实用较远,其实内面仍充满着实利的分子。老子表面上虽主张无为,而其目的却在提倡了"无为"去做到"无不为",在某种意义上,实利的欲望可谓远过于孔孟。观法家思想的出于老子,就可知道老子的精神所在了。

四、文学。"文以载道"的中国当然少有纯粹的文学。我们试看上古的文学内容怎样,不是大多数是讽政治之隆污,颂君后之功德的吗?一部《诗经》中纯粹的抒情诗有几?偶然有几首人情自然流露如男女恋爱的诗,也被注家加上别的解释了。《诗经》以后的诗虽实利的分子较少,但往往被人视为小道,视为雕虫小技，除一二所谓"好学者"外是少有兴味的。戏曲小说也是这样，教做劝善惩恶或移风易俗的奴隶。无论如何龌龊的戏剧和小说，只要用着甚么"报"字为名，就都可当官演唱，毫无顾忌。做小说戏曲的人也要用"言之者无罪，闻之者足戒"为标语。因为文人作文是要有益于世道人心的，无益于世道人心的文字在中国是不能存在的！

五、艺术。中国虽是古国，可是艺术很不发达，因为艺术和实用是不相调和的。中国历史上的旧建筑物只有城垒等等，至于普通家屋，到现在还不及世界任何的文明国。佛教传入以后，带了许多的佛教艺术来，造像、塔、寺殿等，到中国后虽无远大进步，仍不失为中国艺术上的重要部分。中国对艺术皆用实利的眼光去看，替艺术品穿上一件实利的衣裳。秦汉以来金石上的吉祥语就是这心情的表现。再看中国画上的题句吧！画牡丹花的，要题甚么"玉堂富贵"；画竹子的，要"华封三祝"。水墨龙画是可以避火的，钟馗像是可以避邪的，所以大家都喜欢挂在厅堂里。

中国的实利主义潮流发源可谓很远，流域也很广泛，滔滔然几乎无孔不入。养子是为防老，娶妻是为生子，读书是为做官，行慈善是为了名声……除用"做甚么是为甚么"来做公式外，实在说也说不尽！中国对于事情非有利不做，而所谓利，又是眼前的、现世的、个人的利。凡事要用利来引诱才得发生兴趣，所谓"利之所在，人必趋之"。凡事要讲"用"，凡事要问"有甚么用？"怪不得现在大家流行所谓"利用"的手段了！

中国人经商向来是名闻全球的。其实，中国人是天生的好

商人，即不经商的官僚、兵卒、学者、教师，也都含有商人性质的。

这样传统的实利实用思想，如果不除去若干，中国是没有甚么进步可说的！我们生活在地球上，要绝对地不管实用原是不可能的事，但不应只作实用实利的奴隶。世界的文明有许多或是由需要而成的，例如因为要避风雨就发明了房屋，因为要充饥就发明了饮食等。但我们究不应说房屋只要能避风雨就够，饮食只要能充饥就够的。中国人的实用实利主义，实足扑杀一切文明的进化。

又，文明之中，有大部分是发明者先无所为，到了后来却有大用大利的。瓦特用心研究蒸汽力时，何尝想造火车头？居利研究镭，何尝想造夜光表？化学学者在试验室里把试验管用心观察，发明了种种事情，何尝是为了开工场作富翁？发明电气的何尝料到可以驶电车？

人类有创造的冲动，种种文明都可以说是创造冲动的产物。中国人的创造冲动都被浅薄的实利实用主义压灭了！你看，孜孜于实用实利的中国人，有像瓦特、居利那样的文明的创造者发明者吗？旧有的文明有进步吗？火药是中国发明的，在中国不是只做鞭炮吗？罗盘是中国发明的，不是到现在只用来看风水吗？

唯其以实用实利为标准，结果愈无利可得，无用可言。因为对于一切的要求太低，当然不会发生较高的欲望来。例如中国人娶妻的目的在生子，那末就只要有生殖机关的女子就不妨作妻了！社会上实际情形确是如此。你看这要求何等和平客气，真是所谓"所欲不奢"了！

中国人因为几千年抱实利实用主义的缘故，一切都不进化。无纯粹的历史，无纯粹的宗教，无纯粹的艺术，无纯粹的文学，并且竟至于弄到可用的物品都没有了！国民日常所用的物品，有许多都要仰给外人，金钱也流到外人的手里去！

几千年来抱着实利实用主义的中国人啊！你们的"用"在那里？你们的"利"在那里？

（原刊于1923年1月8日《民国日报》副刊《觉悟》）

读书与冥想

如果说山是宗教的，那末湖可以说是艺术的、神秘的，海可以说是革命的了。

梅戴林克的作品近于湖，易卜生的作品近于海。

湖大概在山间，有一定数目的鳞介做它的住民，深度性状也不比海的容易不一定。幽邃寂寥，易使人起神秘的妖魔的联想。古来神妖的传说多与湖有关系：《楚辞》中洞庭的湘君，是比较古的神话材料。西湖的白蛇，是妇孺皆知的民众传说。此外如巢湖的神姥，（刘后村《诗话》：姜白石有《平调满江红》词，自序云："《满江红》旧词用仄韵，多不协律……"予欲以平韵为之，久不能成。因泛巢湖……祝曰：'得一夕风，当以《平韵满江红》为迎送神曲。'言讫，风与笔俱驶，顷刻而成。）芙蓉湖的赤鲤，（《南徐州记》："子英于芙蓉湖捕得一赤鲤，养之一年生两翅。鱼云：'我来迎汝。'子英骑之，仰乘风雨腾而上天，每经数载，来归见妻子，鱼复来迎。"）小湖的鱼，（《水经注》："谷水出吴小湖，径由卷县故城下。《神异传》曰：'由拳县，秦时长水县也。'"始皇时县有童谣曰："城门当有血，城陷没为湖。"有老妪闻之忧惧，旦往窥城门，门侍欲缚之，妪言其故。后，门侍杀犬，以血涂门。妪又往，见血走去，不敢顾。忽又大水长欲没县，主簿令干入白令。令见干曰："何忽作鱼？"干又曰："明府亦作鱼。"遂乃沦为谷矣。）白马湖的白马（《水经注》："白马潭深无底。传云：创湖之始，边塘屡崩，百姓以白马祭之，因以名水。"又，《上虞县志》：晋县令周鹏举治上虞有声，相传乘白马入湖仙去。）等都是适当的例证。湖以外的地象，如山、江、海等，虽也各有关联的传说，但恐没有像湖的传说的来得神秘的和妖魔的了，可以说湖是地象中有魔性的东西。

将自己的东西给与别人，还是容易的事，要将不是自己的东西当作自己的所有来享乐，却是一件大大的难事。"虽他乡之洵美兮，非吾土之可怀"，就是这心情的流露。每游公园名胜等公共地方的时候，每逢借用公共图书的时候，我就起同样的心情，觉得公物虽好，不及私有的能使我完全享乐，心地的窄隘，真真愧杀。这种窄隘的心情，完全是私有财产制度养成的。私有财产制度一面使人能占有所有，一面却使人把所有的范围减小，使拥有万象的人生变为可怜的穷措大了。

熟于办这事的曰老手，曰熟手，杀人犯曰凶手，运动员曰选手，精于棋或医的人曰国手，相助理事曰帮手，供差遣者曰人手，对于这事负责任的曰经手，处理船务的曰水手……手在人类社会的功用真不小啊。

人类的进化可以说全然是手的恩赐，一切机械就是手的延长。动物虽有四足，因为无手的缘故，进步遂不及人类。

近来时常作梦，有儿时的梦，有遇难的梦，有遇亡人的梦。

一般皆认梦为虚幻，其实由某种意义看，梦确是人生的一

部分，并且有时比现实生活还要真实。白日的秘密，往往在梦呓中如实暴露。在悠然度日的人们，突然遇着死亡疾病灾祸等人世的实相的时候，也都惊异的说："这不是梦吗？""好比做了一场梦！"

梦是个人行为和社会状况的反光镜。正直者不会有窃物的梦，理想社会的人们不会有遇盗劫受兵灾的梦。

高山不如平地大。平的东西都有大的涵义，或者可以竟说平的就是大的。

人生不单因了少数的英雄圣贤而表现，实因了蚩蚩平凡的民众而表现的。啊，平凡的伟大啊。

沙翁戏曲中的男性几乎没有一个完全的人。《阿赛洛》中的阿赛洛、《叙利·西柴》中的西柴等，都是有缺点的英雄；《哈姆列脱》中的哈姆列脱，是空想的神经质的人物，《洛弥阿与叙列叶》中的洛弥阿是性急的少年。

但是，他的作品中的女性几乎没有一个不是聪明贤淑、完全无疵的人。《利亚王》中的可莱利亚、《阿赛洛》中的代斯代马那、《威尼斯商人》中的朴尔谢等，都是女性的最高的典型（据拉斯京的《女王的花园》）。

沙翁将人世悲哀的原因归诸人性的缺陷，这性格的缺陷又偏单使男性负担。在沙翁剧中，悲剧是由男性发生，女性则常居于救济者或牺牲者的地位。

教师对于学生所应取的手段，只有教育与教训二种，教育是积极的辅助，教训是消极的防制。这两种作用，普通皆依了教师的口舌而行。要想用口舌去改造学生，感化学生，原是一件太不自量的事，特别地在教训一方面，效率尤小。可是教师除了这笨拙的口舌，已没有别的具体的工具了。不用说，理想的教师应当把真心装到口舌中去，但无论口舌中有否笼着真心，口舌总不过是口舌，这里面有着教师的悲哀。

能知道事物的真价的，是画家、文人、诗人。凡是艺术，不以表示了事物的形象就算满足，还要捕捉潜藏在事物背面或里面的生命。近代艺术的所以渐渐带着象征的倾向，就是为此。

生物学者虽知把物分为生物与无生物，其实世间的一切都是活着的。泥土也是活的，水也是活的，灯火也是活的，花瓶也是活的，都有着力，都有着生命。不过这力和生命，在昏于心眼的人却是无从看见，无从理会。

学画兰花只要像个兰花，学画山水只要像个山水，是容易的，可是要他再好，是不容易的了。写字但求写得方正像个字，是容易的，可是要他再好是不容易的了。

真要字画文章好，非读书及好好地做人不可，不是仅从字画文章上学得好的。那末，有好学问或好人格的人都可以成书画家文章家了吗？那却不然，因为书画文章在某种意义上是艺术的缘故。

（原刊于1922年12月1日《春晖》第3期）

学说思想与阶级

据说，衣服商作就一种新式花样的衣服的时候，常雇人穿了去在街上及热闹的游戏场行走，使所作出的花样成为流行，引人购买，而自己从中取利。帽子的忽平顶忽圆顶，眼镜的忽大忽小，妇女衣襟的忽直忽圆，以及衣料颜色花样的忽这么忽那末，在遵从者自以为流行时髦，其实这所谓流行时髦，是由制物商操纵而成的。一般趋向流行时髦的人只是上当罢了。

记得有一年，我在杭州，五月中的一天，天气很热，我穿了一件夏布长衫出去，一般讲究衣服的朋友们及街路上的人见了都大以为怪。特别是走过绸庄门口的时候，店员都用手指我，好像在那里批评嘲笑我甚么。其实，那时街上已很多赤膊的人了，绸庄店员自己也有许多赤膊的。夏天早到，穿夏布原是合理的事，有甚么可嗤笑的呢？可以赤膊而不可以穿夏布长衫，这是何等的矛盾？但在那讲究衣服的及绸庄店员看来，的确是一件不大佳妙的事。如果一到立夏节以后，大家都穿起夏布来，那末那漂亮朋友们的甚么纺绸衫、春纱衫、夹纱衫、熟罗衫等将出不来风头，而绸庄也快要关门了！我常计算中国衣服的种类，自夏布长衫起到大毛袍子止，其间共有三十等光景，各有各的时命，不容差次。夏布是要到大伏天才穿的。这种麻烦的等差，在只穿一件竹布长衫过四季的穷人原不算甚么，拥护这制度的全是那些漂亮朋友和衣服商人。这情形和夏天暴雨后天气凉得要穿夹衣的时候，而卖凉粉或西瓜的总是赤着膊大声叫卖一样。

即小可以见大，由以上的例看来，可知社会上所流行的存在的一切东西——制度、风俗以及学说思想等等，都有它的根据。别的且不讲，今夜只讲学说思想。

学说思想本身的成因有二：一是时代的要求，二是个人的倾向。所谓个人，又是时代的产物，无论如何的豪杰，都逃不掉"时代之儿"一句话。即在成因上说，所谓学说思想已不是纯粹不杂的东西。至于一学说一思想成就以后，有的被尊崇，有的被排斥，尊崇与排斥似乎另有标准，与学说思想的本身好坏差不多是无关的。

这标准是甚么？老实点说，就是要看这学说思想对于某种阶级有利与否，所谓"各人拜各人的菩萨"。譬如四季只穿竹布长衫的穷人当然不主张衣服的时节的等差，绸庄主当然要反对五月穿夏布长衫。

不过，阶级之中有有权力的阶级，也有无权力的阶级。被权力阶级所拥护的思想学说，当然比无权阶级所拥护的要来得优胜。并且事实上，权力阶级能支配无权阶级，要他怎样就怎样，所以结果只有权力阶级能拥护利用思想学说，思想学说也只有被权力阶级拥护利用了以后才能受人尊崇，存在流行。

我并不敢说学者的思想学说都是为替权力阶级捧场而发生的。（不用说，为捧场面创学说的尽多。）他们创作一学说，构成一思想，也许心中很纯洁，不趋附权势，但是到了后来，自然

会有人利用。这是他们所不料及的。

古往今来这种例证尽多，先讲中国的吧。

凡是中国人，无论男的女的，读过书的不读过书的，都知道尊敬崇拜孔夫子、关夫子、岳老爷、朱夫子。我们不敢说这几个圣贤不必崇敬，但所以成一般崇敬的对象，不能不认为别有原因。孔夫子的主张君臣名分、关夫子与岳老爷的为一姓尽力、朱夫子的在《通鉴纲目》中以蜀为正统，都是配皇帝的胃口的。袁世凯在要做皇帝的前一年，令学校读经，令人民崇祀关岳，不是为了这个缘故吗？孟夫子因为说过"民为贵，社稷次之，君为轻""闻诛一独夫纣，未闻弑君也""君之视臣如草芥，则臣视君如寇仇"等类的话，曾被明太祖逐出圣庙。这是很明白的反证。

"天"这一个字，在中国很带着浓厚的宗教意味。皇帝是"天子"，皇帝的命运叫"天命"，皇帝的杀人叫"天罚天讨"，有了这样的一个"天"字的假设，皇帝就被装扮得像人以上的东西了。皇帝祭天，叫人民敬天，自己却在那里"靠天吃饭"。

此外，如所谓"礼""命""风水""星相"等种种的东西，也逃不了同样的嫌疑。叔孙通帮汉高帝作朝仪，汉高帝说："吾乃今日知为皇帝之贵也！"这是他从"礼"得到好处的自己招供。唯其穷人受苦的时候，能自认八字不好，命运不好，祖坟风水不好，贵族和资本家才有安稳饭吃。否则他们的养尊处优就要失了根据及理由，而世界也就或者早已不能如此"太平"了！

同样的例证，在外国也可随时可见，随举数则于下！

中世纪的哲学完全替基督教建筑基础，这是谁都知道的哲学史上明显的事实。黑格尔哲学在德国皇家保护之下发达，他的"一切实在的都是合理的，一切合理的都是实在的"一句原则，被德皇解作"现存的是正当的"了。亚丹斯密的经济说、马尔萨斯的人口论，是资本阶级所拥护的。因为亚丹斯密主张利用个人的利己心，放任自由，不加干涉，这在资本家看来真是最好没有的学说。马尔萨斯说人口是依几何级数倍加，食物只依算术级数增加，人口每二十五年增加一倍，食物断不能增加一倍，人不能没有食物，结果必至自相残杀，无论如何救济，斯世终是个可悲观的局面。这思想在主张用社会主义以改造现世的人实是很大的打击。如果事实真是如此，社会主义就要失去基础，而在资本家方面，却因此得了暂时的缓冲地了。

最有趣的是犯罪学上的例。意大利犯罪学者中，差不多同时有两个人，一个叫龙勃罗梭，一个叫佛尔利，都于犯罪学上有所发见。龙氏的犯罪学是以骨相术为基础的。他以为凡是犯罪的人，都是骨相异常的人，凡骨相异常的人，先天的就非作恶犯罪不可的。佛尔利呢，把犯罪的原因分有三类：一、人类学的原因；二、风土的原因；三、社会的原因。其中所谓人类学的原因，和龙氏所说大致相类，至于风土的原因和社会的原因，实是龙氏所未发的创见。在学说的精粗上，佛氏当然胜于龙氏。可是龙氏的犯罪学为一般人所推崇，而佛氏却受人冷遇。因为龙氏把犯罪的原因全归诸犯罪者先天的骨相，社会上的特权阶级对于犯罪者可以不负责任，龙氏的所说不啻替特权阶级辩护罪恶。佛氏于犯罪的原因中列着社会的原因，他说："在人的身心上，没有

再胜于饥饿的害恶的。饥饿是一切非人情的反社会的感情之源,饥饿存在之时,甚么爱,甚么人情,都不可能。"这正触着特权阶级的痛处了。在特权阶级握着势力的期内,他的被世人冷遇宁是当然的事。

此外可举的例证很多,仅上面的若干事例,已足窥见大概了吧。如果用了这眼光去观察一切,我们实不能不把一切怀疑。法律、男女道德等的所以如此,觉得都另有原因,并不是非如此不可的。

阶级的权力总有时可以移转。马克斯的经济学说,渐有取亚丹斯密而代之的状况了,女子的势力如果再发展一点,男女间的关系或许更改。东洋留学生势盛的时候,学校一切制度都流行日本式,现在是美国留学生得意的时代,学校一切制度当然要变成美国风。不信,但看现在大吹大擂的新学制!

我们对于世间一切须有炯眼,须看出一切的狐狸尾巴,不要被瞒过了。

(原刊于1924年5月1日《春晖》第28期)

近事杂感

无论如何种类的教育方法，说它有益固然可以，说他有害也可以。严师固然可以出高徒，自由教育也未尝不可收教育上的效果。循循善诱，详尽指导，固然不失为好教育，像宗教家师弟间的一字不说，专用棒喝去促他的自悟，也何尝不对。只要肠胃健全的，甚么食物都可使之变为血肉，变为养料，而在垂死的病人，却连参苓都没有用处，他是他，参苓是参苓。人可以牵牛到水边去，但除了牛肚渴要饮水的时候，人无法使牛饮水，强灌下去，牛虽不反抗，实际上在牛也决不受实益。所以替牛掘井造河，预备饮料，无论怎样地周到，在不觉得渴的牛是不会觉到感谢的。"不愤不启，不悱不发"，足见即使我们个个都是孔老先生，对于无自觉的学生也是无法的了！

冷暖自知！现在学校教育的空虚，只要有良心的教育者和有良心的学生都应该深深地痛感到。从前学校未兴时，教育虽未普及，师生的关系全是自由。佩服某先生的往往不惮千里，负笈往从。只此一"从"字的精神，已尽足实现教育全体的效果，学生虽未到师门，已有了精进向上之心，教育当然容易收效。学校既兴，师生的关系近于运命的而非自由的。我们为师的人呢，更都是从所谓"教匠制造厂"的师范学校出来，各有一定的形式。在

种种的事情上，要使学生做到那"从"字样的心悦诚服的精神是不容易的事情。于是学校教育就空虚了！

不但此也，现在的学校教育在一般家属及学生眼中看来，只是一个过渡的机关，除了商品化的知识及以金钱买得的在校生活的舒服以外，是他们所不甚计较的，学生入校时原并不会带了敦品周行的志向来。特别是中学校的学生，他们本来大半是少爷公子，家庭于他们未入校以前，又大半早已用了父兄地位金钱的力，使他们养成了恶癖。每年只出若干学费要叫学校把他们教好，学校又把这责任归诸教员，于是教员苦了。

"教员"与"教师"，这二名辞在我感觉上很有不同。我以为如果教育者只是教员而不是教师，一切问题是无法解决的。教育毕竟是英雄的事业，是大丈夫的事业，够得上"师"的称呼的人才许着手，仆役工匠等同样地位的甚么"员"，是难担负这大任的。我们在学生及社会的眼中被认作"员"，可怜！我们如果在自己心里也不能自认为"师"，只以"员"自甘，那不更可怜吗？我们作教员的，应该自己进取修养，使够得上"师"字的称呼。社会及学生虽仍以"员"待遇我们，但我们总要使他们眼里不单有"员"的印象。这是一件非常辛苦艰难的事，也是一件伟大庄严的事！

学问要学生自求，人要学生自做。我们以前种种替学生谋便利的方案，都可以说是强牛饮水的愚举。最要紧的就是促醒学生自觉。学生一日不自觉，甚么都是空的。除了我们自己做了"师"的时候，难能使学生自觉。其实，学生只要自觉了以后，甚么都可为"师"，也不必再赖我们。"竹解虚心是我师"，在真渴仰"虚心"的人,竹就可以为师。"三人行,必有我师焉,择其善者而从之,其不善者而改之。"随时随地皆师,觉后的境界何等广阔啊!

(原刊于1924年5月1日《春晖》第28期)

无　奈

在现制度之下，教师生活真不是一件有趣味的事。同业某友近撰了一副联句，叫做：

命苦不如趁早死

家贫无奈作先生

愤激滑稽，令人同感。我所特别感得兴味的是"无奈"二字，"无奈"是除此以外无别法的意思，这可有客观的主观的两样说法，造物要使我们死，我们无法逃避死神的降临，这是主观的"无奈"。惯吃黄酒的人遇到没有黄酒的时候只好用白酒解瘾，这是客观的"无奈"；本来就喜欢吃白酒的人，非白酒不吃，只能吃白酒，这是主观的"无奈"。

基督的上十字架出于"无奈"，释迦的弃国出家也出于"无奈"，耐丁格尔"无奈"去亲往战场救护伤兵，列宁"无奈"而主张革命。啊！"无奈"——"主观的无奈"的伟大啊！

"家贫"是"无奈"，"做先生"是"无奈"，都不足悲哀，所苦的只是这"无奈"的性质是客观的而不是主观的。我们的烦闷不自由在此，我们的藐小无价值也在此。

横竖"无奈"了，与其畏缩烦闷的过日，何妨堂堂正正的奋斗。用了"死罪犯人打仗"的态度，在绝望之中杀出一条希望的血路来！"烦恼即菩提"，把"无奈"从客观的改为主观的。所差只是心机一转而已。这是我近来的感怀，质之某友以为何如？

（原刊于1924年11月16日《春晖》第36期）

彻 底

物质主义与精神主义是绝对不能两立的两种主义，其实两者之中只要彻底一种，就能通彻到别一种。所苦者只是模棱两可，两方都不彻底。

中国社会上的人事大都犯了这两方都不彻底的毛病。亲友之中，甲有事劳乙出力，在理当然甲应赠乙以报酬。但甲不敢赤裸裸赠送金钱，即送了，乙也不肯老老实实的收受，好像是取精神主义的。其实，乙不能无物质的计较，甲也不敢坦然忘怀，结果甲假托了别的名义，打算又打算，酌量数额改了面目送物品与乙，乙也受之无愧。这就是所谓彼此心照的办法。普通庆吊，即使馈送金钱，也必用封套把金钱装潢，上加甚么"菲仪"的避雷针（有了这就可不论数目之多少）的签条。甲这样去，将来乙也这样来，彼此把金钱数目牢牢的记在仪簿，一查便知，丝毫也不会有多少。真是精神物质兼顾，寓精神于物质之中的好方法。可是人趣却因而全失了。

最令人不快的是教育界的情形，也与这同一鼻孔出气。近来学店式的学校到处林立，有人以为学校渐趋商业化了，深为叹惋。我以为学校不患其商业化，只患其商业化的不彻底。学生出学费向学校买求知识，学校果真有价值相当的知识作商品卖给学生，学生对于学校至少可没有恶感。并且像老顾主和相识的店铺有感情一样，学生爱校之情自必油然而生了。这就是由物质主义彻底而达到精神主义。反之，把精神主义彻底亦可达到物质主义。因为学校如果真有教好学生的热诚，一切自然认真，学生以及社会也自然能以物质的扶助学校，白吃不会钞，断不是人情。

再就教师说，现在的教师原已成了一种普通职业，不像以前有和"天地君亲"并列的神圣的威严了。但真能有和报酬相当或以上的热心与知力提供于学校或学生的教师，必仍能得学校的信任，受学生的敬爱，否则一味假借师道之尊，想以地位自豪，总是羊质虎皮，学校方面且不论（因为教师有时就代表学校），在学生眼里是不堪的。

假教化之名，行商业之实，藉师道之尊，掩自身之短，这和金钱封套上的"菲仪"签条一样，同是个避雷针。学生对学校或教师的风潮无不发端于此。

向精神主义走固好，向物质主义走也好，彻底走去，无论向那条路都可以到得彼岸。否则总是个进退维谷的局面。

（原刊于1924年11月16日《春晖》第36期）

知识阶级的运命

一

近来阶级意识猛然抬头，有种种的阶级的名称，其中一种叫做知识阶级。

知识阶级是甚么？如果依照了唯物的社会主义论者的口吻来说，世间只有"勃尔乔"与"普洛列太里亚"两种阶级，别没有甚么可谓知识阶级的了。我国古来分人为四种，叫做"士农工商"，知识阶级，似乎就是古来的所谓士。但古来的士，人数不多，向未成为一阶级。并且古代封建制度倒坏已久，现在要想依照士的地位来生活断不可能。任凭你讨老婆用"士婚礼"，父母死了用"士丧礼"，父亲根本不是大夫，你也没有世禄，将如何呢？

知识阶级的正体实近于幽灵，难以捉摸。说他是无产者呢，其中却有每小时十元、出入汽车的大学教授，展览会中一幅油画要售数千金（虽然大家买不起，从无销路）的画家，出洋回国挂博士招牌的学者。说他是资本家呢，其中又有月薪十元不足的小学教师、被人奴畜的公署书记、每几字售一个铜板的文丐。知识阶级之中实有表层中层与底层之别：同一教育者，大学教授（野鸡大学当然不在其内）是上层，小学教师是下层；同一文人，月收版税数千元或数百元的是上层，每千字售二三元的是下层。上层的近于资本家或正是资本家，下层的近于无产阶级或正是无产阶级。

就广义言，不管上层与下层都可谓之知识阶级；就狭义言，所谓知识阶级者实仅指下层的近于无产阶级或正是无产阶级的人们。因为在上层的人数不多，并不足形成一阶级的。

为划清范围计，姑且下一个知识阶级的定义如下：

所谓知识阶级者，是曾受相当教育，较一般俗人有学识趣味与一艺之长的人们。学校教员、牧师、画家、医师、新闻记者、公署职员、文士、工场技师，都是这类的人物，现在中学以上的学生，就是其候补者。

二

"儒冠误人"，知识阶级的失意原是古已有之的事。可是古来知识阶级究竟有过优越的地位。"万般皆下品，唯有读书高"，太远的事且不谈，二十年以前，秀才到法庭就无须下跪，可以不打屁股的。光绪中叶，"洋务"大兴，科举初废，替以学堂，略谙ABCD，粗知加减乘除，就可睥睨一世自诩不凡，群众视留学生如神人，速成科出身的留学生升官发财，爬上资本家的地位者尽多。当时知识阶级（其实有许多是无知阶级）的被优遇，真是千载一时的了。"重赏之下，必有勇夫"，于是学校渐以林立，做父兄的不惜负了债卖了产令子弟求学，预备收一本万利之效；做子弟的亦鄙农工商而不为，鲫鱼也似的奔向中学或

大学去。官立学校容不下了，遂有许多教育商人出来开设许多商店式的中学或大学。三年以前，只上海一区就有大学三十八所，每逢星期，路上触目可见到着皮鞋洋服挂自来水笔的学生，懿欤盛矣！

但世间好事是无常的，知识阶级的所以受欢迎，实由于数目的稀少。金刚石原是贵重的东西，如果随处随时产出，就要不值世人一顾了。全国教育诚不能算已发达，中等以上的毕业生年年产数当不在少数，单就上海一隅说，专门或大学毕业生可得几千，全国合计，应有几万吧。这每年几万的知识阶级，他们到那里去呢？有钱有势的不消说会出洋，出洋最初是到日本，十五年前流行的是到美国，现在则一致赴法兰西了。出洋诸君一切问题尚在成了博士以后，暂且搁在一边，当面所要考察的是无力镀金留在本国的诸君的问题。

不论是习农的、习商的、习工的或是习甚么的，在中国现今，知识阶级的出路只有两条康庄大道，一是从政，一是教书。不信，但看事实！中国已有不少的农科毕业生了，试问全国有若干区的农场？已有不少的工科毕业生了，试问够得上近代工业的工厂有几处？至于商业，原是中国人素所自豪的行业，但试问公司银行店员是经理股东的亲戚本家多呢，还是商科毕业生多？于是乎知识阶级的诸君只好从政与教书了。从政比较要有手腕，教书比较要有实力，那末无手腕无实力的诸君怎样呢？

友人子恺的《漫画集》中曾有一幅叫做《毕业后》的，画有一西装少年叉手枯坐，壁间悬着大学毕业证书，这虽是近于刻毒的讽刺，但实际上这样画中人恐怕到处皆是吧。

民十三年上海邮局招考邮务员四十人，应试者逾四千人。我有一个朋友曾毕业于日本东京高师英语部的，亦居然去与试，取录是取录了，还须候补，这位朋友未及补缺，已于去年死了。去年之秋，上海某国立大学招考书记七人，而应试者至百六七十人之多。我曾从做该校教授的朋友某君处看到他们的试卷与相片履历，文章的过得去不消说，字体的工整、相貌的漂亮，都不愧为知识阶级，其履历有曾从法政专门毕业做过书记官的，有曾在某大学毕业的，有曾在师范学校毕业做过若干年的小学教师的，我那时不禁要叹惋说："斯文扫地尽矣！"

三

找不着饭碗的知识阶级，其沉沦当然可悯，那末现有着位置的知识阶级，其状况可以乐观了吗？决不！决不！

先试就现在知识阶级的出路从政与教书来说吧。除了法政学校，学校概无做官的科目，知识阶级的从政原是牛头不对马嘴、饥不择食的事。大官当然是无望的，有奥援而最漂亮的够得上秘书或科长，其余的幸而八行书有效，也只好屈就为科员或雇员之类。姑不论"等因""准此"工作的无趣味，政潮一动，饭碗亦随之动摇。年前各军政机关的政治部被解散时，几百几千的挂斜皮带的无枪阶级的青年立时风流云散，弄得不凑巧，有的还要枉受嫌疑，不能保其首领呢！教书比较地工作苦些，地位似也安稳些，但实际，教育随政潮而变动，结果这里一年，那里半年，也会使你像孔子似地"席不暇暖"，还有欠薪咧、风潮咧等类的麻烦。其他，如新闻记者，如书肆编辑，表面上虽都是难得的差强

人意的职业，实际却极无聊。百元左右的薪水已算了不得，在都会生活中要养活一家很是拮据，结果书肆和报馆也许大赚了钱，而记者编辑先生们却只会一日一日地贫穷下去。

现存中国知识阶级的状况真是惨淡，实业的不发达，政治的不安定，结果各业凋敝，而首当其冲的就是那附随各业靠月薪过活的知识阶级。无职的谋职难，未结婚的求偶难，有子女的子女教育经费难，替子女谋职业难，难啊难啊，难矣哉，知识阶级的人们！

四

凡是一阶级，必有一阶级的阶级意识。知识阶级的阶级意识是甚么？这是值得考察的。

有一次，我去赴朋友的招宴。那朋友是研究艺术的，同座的有一位他的亲戚，新由投机事业发财的商人。席间，那朋友与商人有一段对话。

"你发了财了，预备怎么样？"

"我恨得无钱苦，预备从此也享些福。"

"有了钱就可以享福了吗？"

"那自然，可以住好的，着好的，吃好的，要字画，要古董，都可立刻办到。你前次不是叹吴昌硕的画好，可惜买不起吗？"

"我劝你别妄想享福，还是专门去弄钱吧。"

"为甚么我不能享福？"

"享福不是容易的事。譬如住，你大概所希望的只是七间三进的大厦吧,那种大厦并不一定好看。"

"那我会请工程师打样,还要布置一个好好的花园哩!"

"工程师所打的样子,究竟好不好,你要判别也不容易。即使那样子在建筑艺术上本是好的,也得有赏鉴能力的才会赏鉴。你方才说起吴昌硕的画,有钱的原可花几十块钱买一幅挂在屋子里。但在无赏鉴能力的人,无从知道他的妙处好处,只知道值几十块钱而已,那岂不是只要在壁上糊几张钞票就好了吗!"

那朋友这番话说得那新发财的商人俯首无言。我在旁听了暗暗称快,为之浮一大白。同时想到这就是知识阶级共通的阶级意识。

"长揖傲公卿""彼以其富,我以我仁,彼以其爵,我以我义"。知识阶级的睥睨富贵,自古已然。这血统直流到现在毫无改变。今日的知识阶级一方面因自己尚未入无产阶级,对于体力劳动者有着优越感,一方面又以自己的知识教养与资本家挑战。"守财奴""俗物",是知识阶级用以攻击资本家的标语;"穷措大""寒酸",是资本家用以还攻的标语。

五

这"金力"与"知力"的抗争,究竟孰胜孰负呢?在从前,原是胜负互见,而大众的同情却都注意于知力的一方。往昔的传说小说戏剧中,以这抗争作了题材而把胜利归诸知力而诅咒金力者很多。名作如《桃花扇》,通俗本如《珍珠塔》,都曾把万斛的同情注于知识阶级。

可是现在怎样?

现在是黄金万能的时代了。黄金原是自古高贵的东西，不过在从前物质文明未发达时，生活上的等差不如现今之甚，有钱的住楼房，无钱的住草舍；有钱的夏天摇有画的纸扇，无钱的摇蒲扇，一样有住，一样得凉，虽相差而不甚远，所以穷人还有穷标可发。现在是有钱的住高大洋房，无钱的困水门汀了；有钱的坐汽车兜风，房子里装冷气管，无钱的汗流浃背地拉黄包车，连摇蒲扇的余暇都没有了。有钱者如彼，无钱者如此，见了钱怎不低头呢！知识阶级虽无钱，但尚未堕入无产的体力劳动者队里去，一方恐失足为体力劳动者，一方又妄思借了甚么机会一跃而为准资本家，于是辗转挣扎，不得不终年在苦闷之中。他们要顾体面，要保持威严，体力不如劳动者，职业又不如劳动者的易得，真是进退维谷的可怜的动物。

因此知力对金力的争抗，阵容不得不改变了，所谓"士气"，已逐渐消失。我那朋友对那新发财的商人的态度，原是知识阶级以知力屈服金力的千古秘传，可是在现在只是无谓的豪语而已画家的画无论怎样名贵，有购买力的是富人，文学者的作品如不迎合社会一般心理，虽杰出亦徒然。所以在现在，一切知识阶级都已屈服于金力之下，一字不识的军阀可以使人执笔打四六文的电报，胸无半点丘壑的俗物，可以令人布置幽胜的庭园。文士与庭园意匠师，同时亦不得不殉了"金力"的要求，昧了良心把其主张和艺术观改换面目。

现在的理想人物，不是名流，不是学者，是富人。官僚的被尊敬，并不因其是官僚，实因其是未来的富人。知识阶级的上层的所谓博士之类，其所以受社会崇拜，并不因其学问渊博，实因其本是富人（穷人是断不会成博士的），或将来有成富人的希望。如果叫《桃花扇》《珍珠塔》等的作者在现在再写起作品来，恐亦不会抹杀了事实，作一相情愿的老格套，把美丽的女主人公嫁给名流或穷措大了。不信，但看当世漂亮的小姐们的趋向！

六

知识阶级的地位已堕落至此，他们将何以自救呢？他们"武装起来"了吗？他们的武器是甚么？

他们不如资本家的有金力，又不如劳动者的有暴力，他们的武器有二，一是笔，一是口。他们的战略只是宣传。"处士横议"，孟子也曾畏惧他们的战略，秦始皇至于用了全力来对付他们，似乎很是可怕的东西。但当时之所谓士者，性质单纯，不如现今知识阶级分子的复杂。当时的金力也不如今日之有威严。今日的知识阶级，欲其作一致的宣传，是不可能的，一方贴标语呼口号要打倒谁，一方却在反对地贴标语呼口号要拥护谁，正负相消，结果虽不等于零，效用也就无几。并且，知识阶级无论替任何阶级宣传，个人也许得一时的好处，对于其阶级本身往往不但无益而且有损。例如五四以后，知识阶级替劳动者宣传，所谓"劳动运动"者就是。但其实，那不是"劳动运动"，是"运动劳动"。如果有一日劳动者真觉醒了，真正的"劳动运动"实现以后，知识阶级的地位怎样？不消说是愈不堪的。我并不劝人别作劳动运动，利害自利害，事实自事实，无法讳饰的。左倾的宣传得不到好处，那末作右倾的宣传如何？知识阶级已成了金力的

奴隶，再作右倾的宣传，金力的暴威将愈咄咄逼来，当然更是不利于其阶级本身的了。

知识阶级有其阶级意识，确是一个阶级，而其战斗力的薄弱实是可惊。他们上层的大概右倾，下层的大概左倾，右倾的不必说，左倾的也无实力。他们决不能与任何阶级反抗，只好献媚于别阶级，把秋波向左送或向右送，以苟延其残喘而已。他们要待其子或孙堕入体力劳动者时才脱离这境界，但到那时，他们的阶级也已早不存在了。

七

如果有人问：知识阶级何以有此厄运？我回答说：这是他们的运命！不但中国人如此，全世界都如此。法学士充当警察，是日本所常有的。

友人章克标君新近以其所译莫泊桑的《水上》见赠，其中有一处描写律师或公署的书记的苦况的，摘录数节于下：

啊！自由！自由！唯一的幸福，唯一的希望，唯一的梦幻，在一切可怜的存在中，在一切种类的个人中，在一切阶级的劳工中，在为了每日的生活而恶战苦斗的人们之中，这一类人是最可叹了，是最受不了天惠的了。

……

他们下过学问上的工夫，他们也懂得些法律，他们也许保有学士的头衔。

我曾经怎样地切爱过Jules Vallés的奉献之词：

"献呈给一切受了拉丁希腊的教养而饿死的人。"

晓得那些可怜的人们的收入么？每年八百乃至一千五百法郎！

阴暗的辩护士办公室的佣人，广大的公署中的雇员，啊，你们每朝不得不在那可怕的牢狱之门上，读但丁的名句：

"舍去一切的希望，你们，进来的人啊！"

第一次进这门的时候，只有二十岁，留在这里，等到六十岁或在以上，这长期间的生活，毫无一点变动，全生涯始终一样，在一只堆满绿色纸夹的桌子，昏暗的桌子边过去了。他们进来是在前程远大的青年时代，出去的时候，老到近于要死了。我们一生中所造作的一切，追忆的材料，意外的事件，欢喜或悲哀的恋爱，冒险的旅行，一切自由生涯中所遭际的，这一类囚人都不知道的。

这虽是描写书记的，但对于大部分的知识阶级，如学校教师，如新闻记者，如书肆编辑，如官署僚友等，不是也可以照样移赠了吗？

现在或未来的知识阶级诸君啊，珍重！

（原刊于1928年5月《一般》第17号）

你须知道自己

我向有个先写稿后加题目的习惯，此稿成后，想不出好题目，于是就僭越地借用了这句希腊哲人的标语。

中学生诸君，新年恭喜！

说到新年，不禁记起一件故事来了。从前日本有一个很有名的和尚，故意于新年元旦提了骷髅到人家门口去，叫大家杀风景。日本向有元旦在门口筑了土堆插松枝的风俗，叫做"门松"。和尚有一句咏门松的诗道："门松是冥土之旅的一里冢"。一里冢者，日本古代每一里作一土堆如冢，上插木标，以标记里程的。和尚的诗，意思就是说一个人过了一就离冥土愈近了。

咿呀！新年新岁，理应说利市、讲好话，为甚么要提起这样的话来扫大家的兴呢？但是照例地说利市、讲好话，也觉得没有意思。新年相见的套语，如"恭喜"之类，其中并不笼有真实的深意，说"恭喜恭喜"，并不就会有喜可恭的。

我们无论做那一件事，都要预想到着末的一步，才会认真，才会不苟。做买卖的人所要顾虑的不是赚钱，乃是蚀本。赌博的人所须留意的不是赢了怎样，乃是输了如何。日本的那位和尚在元旦叫人看骷髅，要大家觉悟到死的一大事实，其事虽杀风景，但实也可谓是一种最慈悲的当头棒喝。我根据了这理由，想在这一九三〇年的新年，当作贺年的礼物，对诸君说几句看似不快而却是真实的话。

依学龄计算，诸君都是十三岁以上二十岁以下的志气旺盛的青年。诸君对于前途，所怀抱的希望不消说是很多的吧。恋爱咧，名誉咧，革命咧，救国咧，诸如此类离本题太远的希望，暂且不提。即仅就了求学而论，诸君的希望应也就不小，由初中而高中，由高中而大学，由大学而出洋，由出洋而成博士等等，似都应列入诸君的好梦之中的。可是抱歉得很，我在这里想对诸君谈说的，却不是怎样由初中入高中、入大学、出洋等的好事，乃是关于不吉方向的事。就是：不能出洋怎样？不能入大学怎样？不能升高中怎样？或甚至于并初中而不能毕业怎样？

就大体说，教育的等级是和财产的等级一致的。财产有富者、中产者与贫困者三个等差，教育也有高等、中等、初等的三个阶段。在别国，这阶段很是露骨，尽有于最初就把贫富分离的学校制度。凡有资力可令子弟受中等以上的教育者，就可不令子弟进普通的国民小学。我国在学校制度上，表面虽似平等，其实这财产上的阶段仍很明显地在教育的等差上反映着。不消说，小学校学生之中原有每日用汽车接送的富家儿与衣服楚楚的中产者的子弟的，但全体统计，究以着破鞋拖鼻涕的贫家小孩为多；到了中学，贫困者就无资格入门，因为做中学生每年至少须花二百元的学费，不是中产以下的家庭所能负担。做中学生的不是富家儿，即是中产者的子弟。至于入大学，费用更巨，年须三四百元以上，故做大学生的大概是富家儿，即使偶有中产者的子弟蛰居

其间，不是少数的工读生，即是少数的叫父母流泪典质了田地不惜为求学而破家的好学的别致朋友罢了。这样，教育的阶段宛如几面筛子，依了财产的筛孔，把青年大略筛成三等。纵有漏网混杂别等里去的，那真是偶然的侥幸的机会。

诸君是中学生，贫困者已于小学毕业时被第一道筛子从诸君的队里筛出了。诸君之中混杂着富者与中产者的子弟，但富者究竟不多，诸君的十分之九以上可说都由中产家庭出来的吧。像诸君样的人，普通叫做中产阶级。中产阶级不致如贫困者的有冻馁之忧，也不致像富者的流于荒佚，在社会全体看一来，实是最健全最有用的分子。诸君出自中产家庭，就是未来的社会中坚，诸君的境遇较之贫困者与富者，原不可不说是很幸福的。但是，可惜，这中产阶级的本身已在崩溃中了。

中产阶级的崩溃原是世界的现象，不但中国的如此。其原因不得不归诸世界产业革命与资本主义的跋扈。中国中产阶级的崩溃也不自今日始，而以近数年来为尤速。中国原无甚么大资本家，也无甚么大产业，中国人所受的完全是身不由主的全世界的影响。中国产业落后于人者不知凡几，而生活程度却由外人替我们代为提高，已与别国差不多了。这情形，诸君不必回去问那六七十岁的老祖父，但把诸君幼时所记得的物价与生活费用和目前的一相比较，就已可知其差数之不小了。加以连年的兵祸、匪灾、饥馑、失业，把乡村的元气耗损几尽，随此而起的工价暴腾与农民的不得已的减租，更给了中产阶级以一道快速的催命符。

不信，但看事实！诸君的村里中富起来的人家多呢还是穷下去的人家多？诸君自己的家况，只要没有甚么着香槟票头彩之类的事，还是一年好一年呢还是一年不如一年？诸君求学的用费，今年比之去年如何？诸君向父母请求学费时，父母是否比去年多摇头多叹息？再试每日留心报纸，是不是每日有因失业或困迫而自杀的？他们的大多数，是不是青年？

中国的中产阶级已在崩溃的途上，当世流行的一切青年的烦闷与中流家庭间的不宁，实都就是中产阶级在崩溃途上的苦闷的挣扎与呻吟。诸君是中产阶级，中产阶级的崩溃就是诸君的崩溃。诸君之中有的已深深地痛感到没落的不安，正在挣扎与呻吟之中；有的或尚才踏入第一步，只茫然地感到前途渐就黑暗的预觉。程度虽有不同，要之都已是在没落崩溃的途上的人们了。在这变动的期内，诸君的家庭尚能挣扎着令诸君入中学为中学生，不可谓非诸君之幸。不瞒诸君说，在下也是中产阶级出身，而且是一个做过二十年的中等学校教师的人。产是早已没有了，依了自己的劳动，现在总算还着起长衫，在社会上支撑着中流人物的地位，可是对于儿女，却无力令其尽受完全的中等教育。一个是高小毕业就去作商店学徒了；一个是初中未毕业，即令其从事养蜂与园艺了；还有一个现在虽尚在中学校，但能否有力保其毕业或升学，自己也毫无把握。作了二十年中学教师却无力使自己的儿女受中等教育，每想到"裁缝衣破无人补，木匠家里没凳坐"的俗语，自己也不禁要苦笑起来。

话不觉走入岔路去了，一笔表过，言归正传。

世间最难动摇的是事实，事实是不能用了甚么理论或方法来把它变更的。中产阶级的崩溃没落既是事实，我们虽然自己不情愿，也就无法否认。所谓崩溃或没落，原是就了全生活说的，若

限在受教育的方面说，意思就是：诸君现在虽在中学为中学生，前途难免要碰到种种的障碍。不能入大学，不能入高中，或并初中亦不能毕业，也都是很寻常的可能的遭遇，并非甚么意外的大不幸。诸君啊，先请把这话牢记在心里。

诸君读了我这番杀风景的议论，也许会突然感到幻灭，要发生绝望的不安了吧。如果如此，那不是我说话不得其法，就是诸君太天真烂漫太未经世故的缘故。我所说的自以为是一种真实，并没有一句是欺骗或恐吓诸君的话。并且，我对诸君说这一番话，目的原不欲漫然把暗云投入诸君的快活的心胸里，在诸君火热的头上浇冷水；乃是想叫诸君张开了眼，认识眼前的事实，更由这认识发出勇敢的新的努力，去适应目前或将来的环境，能在大时代中游泳而不为大时代的怒涛所淹没。

那末怎样好呢？反正能否毕业能否升学都靠不住，就退学吗？或者赶快去别觅可以吃饭的职业吗？诸君的父母家庭，有的为了贪近利，有的为了真是负担不住了，也许早已盼望诸君如此了吧。家庭环境各各不同，原不好一概而论。若就大体说，诸君还是未成年者，在成年以前，最好能受教育，把青年生活好好地正则地度过去。诸君能在中学为中学生是应感谢的幸福，不是可诅咒的恶事。有书可读且读，但读书的态度却须大大地更改。

第一所希望于诸君者，就是要快把从来的"士"的封建观念先行铲除。中国古来封建时代称读书人为"士"，这士的制度已在几千年以前消灭了，而士的虚名仍历代相沿，直至现在，虚名原已不存了，而士的观念仍盘根错节地潜伏在一般人的心中。诸君的父母令诸君入学的动机，诸君自己求学的态度，乃至学校对于诸君的一切教育方法和设施等等，老实说，有许多地方都还是脱不尽这封建思想的腐气的。一般人误信以为在学校毕业了就可得到一种资格，就可靠文凭吃饭，这种迷信，的的确确是因袭的封建的恶根性。中国近十余年来的变乱，原因当然很复杂，但如果全国没有整千整万的毫无实学实力只手捏文凭的冒充的士，来替人摇旗呐喊，来替人造作是非，局面决不至糟到如此。我常以为中国最要的事情是裁士，而裁兵次之。要化士为工，化士为商，化士为农，化士为兵，除了少数有天分的专事学问的学者外，无一人挂读书人的空招牌，而又无一人不读过书，无一人不随时自己读着书，中国的前途才有希望。

第二所希望于诸君的是养成实力。诸君如果真能把从来以读书为荣的封建观念打破了，就能发见求学的新目标就是觉悟到为养成实力而求学了。说到现在的学校教育，可指摘的处所实在很多，学校本体，除了到期给诸君以文凭外，能否给诸君以智德体三方面的真实能力，原属一个大大的疑问。如果有人说我这话太轻视了现在的学校与教育者，那末让我来自己招供吧。前面曾说，我是曾做过二十年的中学教师的，自问也不曾撒过滥污，但不敢自信曾有任何实力给予学生过。学校教育的靠不住，原因很多，这里无暇絮说。但无论如何，学校究是为青年而特设的教育机关，从来学校教育的所以力量薄弱，也许由于学生的求学态度的不正。诸君果已自己觉醒，对于学业及生活不再徒讲门面，要求实际，把一切都回向于实力的养成上去，则我可以保证诸君能相当地收得实力的。

了解了以读书为荣的错误，知道了实力的重要，在环境许可

的期间，利用诸君的青春去作将来应付新时代的预备。有能力升学出洋固好，即不能升学或毕业，也比较容易以所养成的能力找得相当的职业。中产阶级只管没落，自己能在新兴继起的阶级中做一个立得住站得稳的人，不做新时代的落伍者，这是我所希望于诸君的总归宿。

《圣经》里的先知们，有的警告人说末日快到了；有的警告人说天国近了，叫人预备。"山雨欲来风满楼"，中产阶级已岌岌可危了，今后到来的世界从社会全体看来，是天国或是末日，学者之间因了各人的见解，原不一其说。但无论是好是坏，要来的终究要来，所以我们也不得不先有所预备。预备的第一步，就是对于自己所处的地位与时代的觉醒。

中学生诸君啊，记着：我们的地位是中产阶级而时代是一九三零年！

新年之始，乌老鸦似地向诸君唠唠叨叨说了这一大串杀风景的话，抱歉之至！最后当作道歉，让我再来真诚地向诸君祝福吧：

中学生诸君，新年恭喜！

（原刊于1930年1月《中学生》创刊号）

其实何曾突然

日本在满洲经营已久,陆续投资至十五亿余元之多,当然是不肯白费心力的。此次对华出兵,日本报纸上已喧传得很久很久,而上海各报登载这消息,却在沈阳的日军开炮以后。大家都说"日本突然占领我满洲",其实何曾突然。

现在已是资本帝国主义的时代了,日本所要的是满洲的膏血,不是满洲的躯壳。日本吸去满洲的膏血已不少,还想多吸、独吸,故有此横暴行动。结果也许因了与别国的利益冲突,引起世界大战吧。

满洲事件,一方面是中国的大事,一方面是世界的大事。中国对于此次大事,除了"逆来顺受""政治手腕""和平抵抗"等等的所谓口号以外,不知最后准备着甚么?我虽是中国人,殊难悬揣,即使悬揣了也不会有甚么把握。问题的如何解决,要看世界方面的情形怎样了。但须声明,我的所谓世界方面的情形者,不是甚么"公理"之类的东西,乃是着着实实的露骨的资本主义的利害关系。

(原刊于1931年9月28日《文艺新闻》第29号)

新年的梦想

我常做关于中国的梦。我所做的都是恶梦，惊醒时总要遍身出冷汗。梦不止一次，故且把它拉杂写记如下，但愿这景象不至实现，永远是梦境。

我梦见中国遍地都开着美丽的罂粟花，随处可闻到芬芳的阿芙蓉气味。

我梦见中国捐税名目烦多，连撒屁都有捐。

我梦见中国四万万人都叉麻雀，最旺盛的时候，有麻雀一万万桌。

我梦见中国要人都生病。

我梦见中国人用的都是外国货，本国工厂烟筒里不放烟。

我梦见中国市场上流通的只是些印得很好看的纸。

我梦见中国日日有内战。

我梦见中国监狱里充满了死人。

我梦见中国到处都是匪。

（原刊于1933年1月1日《东方杂志》第30卷11号）

命相家

我因事至南京，住在××饭店。二楼楼梯旁某号房间里，寓着一位命相家。房门是照例关着的，这位命相家叫甚么名字，房门上挂着的那块玻璃框子的招牌上写着甚么，我虽在出去回来的时候，必须经过那门前，却未曾加以注意。

有一天傍晚，我从外边回来，刚走完楼梯，见有一个着洋服的青年方从命相家房中走出，房门半开，命相家立在门内点头相送叫"再会"！

那声音很耳熟，急把脚立住了看那命相家，不料就是十年前的同事刘子岐。

"呀！子岐！"我不禁叫了出来。

"呀！久违了。你也住在这里吗？"他吃了一惊，把门开大了让我进去。我重新去看门口的招牌，见上面写着"青田刘知机星命谈相"等等的文字。

"哦！刘子岐一变而为刘知机。十年不见，不料得了道了，究竟是怎么一会事？"我急忙问。

"说来话长。要吃饭，没有法子。你仍在写东西吗？教师是也好久不做了吧。真难得，会在这里碰到。不瞒你说，我吃这碗饭已有七八年了，自从那年和你一同离开××中学以后，飘泊了好几处地方，这里一学期，那里一学期，不得安定，也曾挂了

夏丏尊
自述

斜皮带革过命，可是终于生活不过去。你知道，我原是一只三脚猫，以后就以卖卜混饭了。最初在上海挂牌，住了四五年，前年才到南京来。"

"在上海住过四五年？为甚么我一向不曾碰到你，上海的朋友之中也没有人谈及呢？"我问。

"我改了名字，大家当然无从知道了。朋友们又是一向都不信命相的，我吃了这口江湖饭，也无颜去找他们，如果今天你不碰巧看到我，你会知道刘知机就是我吗？"

我有许多事情想问，不知从何说起。忽然门开了，进来的是两位顾客。一个是戴呢帽穿长袍的，一个是着中山装的，年纪都未满三十岁。刘子岐——刘知机丢开了我，满面春风地立起身来迎上前去，俨然是十足的江湖派。我不便再坐，就把房间号数告诉了他，约他畅谈。回到了自己的房间里。

十年前的中学教师，居然会卖卜？顾客居然不少，而且大都是青年知识阶级中人。感慨与疑问乱云似地在我胸中纷纷垒起。等了许久，刘知机老是不来，叫茶房去问，回说房中尚有好几个顾客，空了就来。

"对不起！一直到此刻才空。"刘知机来已是黄昏时候了。"难得碰面，大家出去叙叙。"

在秦淮河畔某酒家中觅了一个僻静的座位。大家把酒畅谈。

"生意似很不错呢。"我打动他说。

"呃，这几天是特别的。第一种原因，听说有几个部长要更动了，部长更动，人员也当然有变动。你看，××饭店不是客人很挤吗？第二种原因，暑假快到了，各大学的毕业生都要谋出路，所以我们的生意特别好。"

"命相学当真可凭吗？"

"当然不能说一定可凭。不过在现今这样的社会上，命相之说，尚不能说全不足信。你想，一个机关中，当科长的，能力是否一定胜过科员？当次长的，能力是否一定不如部长？举个例说，我们从前的朋友之中，李××已成了主席了。王××学力人品，平心而论远过于他，革命的功绩也不比他差，可是至今还不过一个××部的秘书。还有，一班毕业生数十人之中，有的成绩并不出色，倒有出路，有的成绩很好，却无人过问。这种情形除了命相以外，该用甚么方法去说明呢？有人说，现今吃饭全靠八行书。这在我们命相学上就叫'遇贵人'。又有人挖苦现在贵人们的亲亲相阿，说是生殖器的联系。这简直是穷通由于先天，证明'命'的的确确是有的了。"刘知机玩世不恭地说。

"这样说来，你们的职业实实在在有着社会的基础的。哈哈。"

"到了总理的考试制度真正实行了以后，命相也许不能再成为职业，至于现在，有需要，有供给，仍是堂堂皇皇的吃饭职业。命相家的身份决不比教师低下，我预备把这碗江湖饭吃下去哩。"

"你的营业项目有几种？"

"命、相、风水、合婚择日，甚么都干。风水与合婚择日，近来已不行了。风水的目的是想使福泽及于子孙。现今一般人的心理，顾自身、顾目前都来不及，那有余闲顾到几十年几百年后的事呢？至于合婚择日，生意也清。摩登青年男女间盛行恋爱同居，婚也不必'合'，日也无须'择'了。只有命相两项，现在仍有生

意。因为大家都在急迫地要求出路，寻机会，出路与机会的条件，不一定是资格与能力，实际全靠碰运气。任凭大家口口声声喊'打破迷信'，到了无聊之极的时候，也会瞒了人花几块钱来请教我们。在上海，顾客大半是商人，他们所问的是财气。在南京，顾客大半是'同志'与学校毕业生，他们所问的是官运。老实说，都无非为了要吃饭。唯其大家要想吃饭，我们也就有饭可吃了。哈哈……"刘知机滔滔地说，酒已半醺了，自负之外又带感慨。

"你对于这些可怜的顾客，怎样对付他们？有甚么有益的指导呢？"

"还不是靠江湖上的老调来敷衍！我只是依照古书，书上怎么说，就怎么说。准不准连我自己也不知道。好在顾客也并不打紧，他们到我这里来，等于出钱去买香槟票，着了原高兴，不着也不至于跳河上吊的。我对他说'就快交运''向西北方走''将来官至部长'，是给他一种希望。人没有希望，活着很是苦痛。现社会到处使人绝望，要找到希望，恐怕只有到我们这里来，花一二块钱来买一个希望，虽然不一定准确可靠，究竟比没有希望好。在这一点上，我们命相家敢自任为救苦救难的希望之神。至少在像现在的中国社会可以这样说。"话愈说愈痛切，神情也愈激昂了。

他的话既诙谐又刺激，我听了只是和他相对苦笑，对了这别有怀抱的伤心人，不知再提出甚么话题好？彼此都已有八九分醉意了。

（原刊于1933年7月《文学》第1卷第1号）

光复杂忆

武汉起义以后,各省纷纷响应,大都"兵不血刃"就转了向了。我们浙江的改换五色旗是十一月五日。那时我在杭州,事前曾有风声说就要发动。四日夜里尚毫不觉得有甚么,次晨起来,知道已光复了,抚台已逃走。光复的痕迹,看得见的只有抚台衙门的焚烧的余烬,墙上贴着的都督汤寿潜的告示,和警察袖上缠着的白布条。街上的光景和旧历元旦很相像,商店大半把门闭着,行人很稀少。

一时流行的是剪辫,青年们都成了和尚。因为一向梳辫的缘故,梳的方向与发的本来方向不同,剃去以后每人头上有着白白的一圈,当时有一个名字,叫做奴隶圈。这时候最出风头的不消说是本来剪了发的留学生了。一般青年都恨不得头发快长起,掠成"西发"。老成拘谨些的人不敢就剪辫,或剪去一截,变成鸭屁股式。乡下农民最恋恋于辫发,有一时,警察手中拿了剪刀,硬要替行人剪发,结果乡下人不敢上城市来了。有的把辫子盘起来藏在帽里,可笑的事情不少。

当时尚未发明标语的宣传法,大家只在日用文件上表示些新气象。最初用黄帝纪元,第二年才称民国元年。在文字的写法上有好些变化,革命军的"军"大家都写作"軍","民"字写作

"民"，据说是革命军与人民出了头的意思。"國"字须写作"囻"，据说是共和国以人民为主体的意思。这风气直至民国四五年袁世凯要称帝时还存在着。朋友×君曾以"國"字为谜底作一灯谜云："有的说是民意，有的说是王心，不知这圈圈内是甚么人。"國字旧略写作"国"。×君的灯谜是暗射当时的时事的。

"现在是民国时代了，甚么花样都玩得出来！如果在前清是……"光复后不到几年，常从顽固的老年人口中听到这样的叹息。记得在光复当时，人心是非常兴奋的。一般人，尤其是青年，都认中国的衰弱，罪在满洲政府的腐败，只要满洲人一倒，就甚么都有办法。辫子初剪去的时候，我们青年朋友间都互相策励，存心做一个新国民，对时代抱着很大的希望。就我个人说，也许是年龄上的关系吧，当时的心情比十六年欢迎党军莅境似乎兴奋得多。宋教仁的被暗杀，记得是我幼稚素朴的心上第一次所感到的幻灭。

光复初年的双十节不像现在的冷淡，各地都有热烈的庆祝。我在杭州曾参加过全城学界提灯会，提了"国庆纪念"的高灯，沿途去喊"中华民国万岁！"。自六时起至十时才停脚，脚底走起了泡。这泡后来成了两个茧，至今还在我脚上。

（原刊于1933年10月《中学生》第38号）

灶君与财神

"呀！你不是灶君吗？"

"对了。好面善！你是那一位尊神？"

"我是财神那！你怎么不认识我了？"

"呀！难得在半天云里相会。你一向是手执元宝的，现在怎么背起枪来了？那手里拿着的一大卷又是甚么？"

"因为武财神近日忙于军事，所以由我暂时兼代。你知道我们工作上虽分文武，职务都是掌司钱财，原是一而二，二而一的。于是我就成了'有枪阶级'了。手执元宝那是一直从前的事，近来我老是手执钞票和公债证券。你从下界来，难道还不知道废两改元实行已久，市上早无元宝，银行钞票的准备金大多数就是公债证券吗？"

"哦！原来如此。因为我终日终年在人家厨房里过活，不大明白财界的情形。如果你不说明，我几乎不认识你了。"

"你的样子也与前大不相同了哩！怎么这样瘦了？你日日在厨房里受人供养，难道还会营养不良吗？"

"我一向就不像你的大腹便便，近来真倒霉，自己也知道更瘦得可怜了。连年天灾人祸，农村破产已到极度。人民有了早饭没有夜饭，结果都向都市跑，去过那亭子间及阁楼的日子。这真

叫'倒灶'！灶是简直没有了，眠床便桶旁摆一个洋油炉或者煤球炉，就算是烹调的场所。有的连洋油炉煤球炉都不备，日日咬大饼油条过活。你想，这情形多难堪！回想从前乡村隆盛时的景象。真令人不胜今昔之感。我的瘦是应该的。可是也幸而瘦，如果胖得像你一样，怎么能局促地蹲在洋油炉煤球炉旁去行使职务啊！"

"你的境遇说来很足同情。也曾把下界的苦况向天堂去告诉过了吗？"

"怎么不告诉！每年的今日，我都有一次定期的总报告。你看，我现在正背着一大包册子，这里面全是下界的实况。可是，天堂的情形近来也似乎有些异样了，甚么都作不来主。我虽然每年忠实地把民间疾苦人心善恶报告上去，天堂总是马马虎虎，推三阻四地打官话。有时说'这是洋鬼子在作怪，须行文去和耶稣交涉'，有时说'交财神核办'。耶稣那里的回音如何，不知道。交你核办的案子结果怎么样？今天恰好碰着你，就乘便请问。"

"也曾有案子移下来过。因为我实在无法办，至今还是搁着不动。记得有一次交下一个'善人是富'的指令，还附着一大批善人的名单——据说是以你的报告为根据的——要我负责使他们富起来。这实在令我束手，这种老口号和现在的实际情形根本已不相符合，天堂自身都穷，有甚么钱可送给这许多善人？这许多善人们自己又不会谋官做，不会干公债投机买航空奖券，叫我有甚么方法帮助他们呢？"

"去年今日，我还上过一个提高谷价的提案。天堂没有发给你吗？"

"记得似乎有过这么一回事，详细记不清楚了。这也不关我事。我从前管领的是元宝，现在管领的是钞票和公债证券。目前是金融资本跋扈的时代，田地不值钱，货物不值钱，下界最享福的就是那些金融资本家。金融资本是流动的，今天在甲的手里，明天就可流入乙的手里。这笔流水账已把我忙煞了，像谷物价目一类的事怎么还能兼顾呢？况且这事难得讨好，谷价贱了固然大家叫苦，从前米卖二十块钱一石的那几年，不是大家也曾叫过苦吗？"

"近来农村里差不多份份人家都快倒灶了。你没有救济的方法吗？提高谷价的路既然走不通，那末借外债来恢复农村，如何？"

"我何尝不这么想！也曾和地狱里商量过，可是不行。"

"为甚么要和地狱商量呢？地狱里拿得出钱吗？"

"耶稣曾说过，'富人入天国，比骆驼穿针孔还难'。富人照例是不能进天堂的，都住在地狱里，所以地狱成了天下最富的地方。我曾和地狱当局者作过好几次谈判，终于因为他们的条件太苛刻了，事情没有成功。当此盛唱'打倒不平等条约'的当儿，谁愿接受那种屈辱的条件啊！"

"复兴农村的口号近来不是唱得很响吗？你有机会也得常到农村里去看看实际的状况，看有甚么具体的救济策没有？"

"近来，我在都市里执行职务的时候多，不大到农村里去。农村衰疲的消息虽曾听到，终于没有工夫去考察。其实，倒灶的何尝只是农村，都市里也大大不景气哩！你知道，我是管领钱财的，农村愈破坏，钱财愈集中到都市来，我在都市的事也就

更多。公债涨停板或跌停板了,我要到。航空奖券开奖了,我要到。那里还顾得到农村里去?你是每年板定今天上来的,我下去的日子,每年向来是正月初五,可是近来时常要作不定期的奔波。这次的下去,就因为有许多临时的事务的缘故。"

"正月初五仍须再下去吧?"

"也许事务多,一直要在下界住到那时候。如果事务完毕了就上来,初五下去不下去,只好再看。现在甚么都是双包案似地弄不清楚,连正月初五也有两个了,多麻烦。下界人们真该死,他们还在一相情愿,把肉咧,鱼咧,蚶子咧,橄榄咧,唤作元宝,要想用了这些假元宝来骗我手里的真元宝呢——其实我的手里早已没有元宝了,哈哈。"

"他们的待你,比待我不知要好几倍。我愈弄愈倒灶,你是现代的红角儿。这世界是你的。多威风啊!"

"那里的话,我目前已苦于无法应付,并且前途大可悲观哩。下界嫌我处置得不均,正盛唱着甚么'社会主义'。听说这种主义,世间已有一处地方在实行了。如果这种主义一旦在我们的下界实现起来,我的地位就将根本摇动,你是管领民食的,前途倒比我安全得多。无论在甚么世界,饭总是非吃不可的啰!"

"未来的事,何必过虑!咿哟!我到天堂还有一半路程,误了不好。再会吧。"

"我也有事呢!今日下午公债跌得停板了,明日又是航空奖券开奖之期啊。再会。"

(原刊于1934年1月《文学》第2卷第1号)

一种默契

走到街上去，差不多每一条马路上可以见到"关店在即拍卖底货"的商店。这些商店之中，有的果然不久就关门了，有的老是不关门，隔几个月去看，玻璃窗上还是贴着"关店在即拍卖底货"的红纸，无线电收音机在嘈杂地响。

商店号召顾客的策略，向来是用"开幕""几周年纪念""春季""秋季"或"冬至"等的美名来做廉价的借口的，现在居然用"关店"的恶名来做幌子了。有的竟异想天开，并不关店，也假冒着"关店"的恶名。最近在报上看见一家皮货铺的"关店大贱卖"的大幅广告，后面还登着某律师代表该皮货铺清算的启事。这大概因为恐怕别人不信他们的关店是真正的关店，所以再附一个律师代表清算的广告，表明他们真是要关店了，并不假冒。

在上海，关店门寻常叫做"打烊"，如果你对某商店的人问："你们晚上几点钟关店门？"那店里的人就会怪你不识相，说不定会给你吃一记耳光。凡是老上海，都懂得这规矩，不说"你们晚上几点钟关店门"，改说"你们晚上几点钟打烊"，因为"关店"是不吉利的话，这一向讨人厌恶的"关店"，现在居然时髦起来了，关店的坦白地自己声明"关店"，不关店的也要

借了"关店"来号召，甚至还有怕别人不肯相信，在"关店"广告上叫律师来代表清算，证明关店之实，商业上一向怕提的"关店"语，到今日差不多已和废历除夕所贴的"关门大吉"一样，是吉祥的用语了。这一个月来，我们日日可以在报上看到关店的广告，有银行，有钱庄，有公司，有各式各样的店。他们所说的话千篇一律地是"本店受市面景气的影响，以致周转不灵……"的一套。说的人态度很坦然，毫不难为情，我们看的人也认为很寻常，觉得并无甚么不该。似乎彼此之间，已自然而然地发生了一种的默契了。

这默契如果伸说起来，范围实在可以扩充得很广。大学生毕业了没事做，社会上认为当然，本人也不觉得有甚么可怪。工人商人突然失业了，亲友爱莫能助，本人也觉得无可如何，只好挨了饿来忍耐。房租好几个月付不出，住户及邻居都认为常事，房东虽不快，近来也只能迁就，到了公堂上，法官因市面不好，也竟无法作严厉的判断。穷困，走投无路，已成为现在的实况，彼此因了境况相似和事实明显，成就了一种默契。从来的道德、习惯等等，在这默契之下，恐将不能再维持它的本来面目了。

再过几时，也许"穷""苦"等可憎的话，会转成时髦漂亮的称谓呢。

（原刊于1934年9月《太白》第1卷第1期）

良乡栗子

"请，趁热。"

"啊！日子过得真快！又到了吃良乡栗子的时候了。""像我们这种住弄堂房子的人，差不多是不觉得季候的。春、夏、秋、冬，都不知不觉地让它来，不知不觉地让它过去。前几天在街上买着苹果柿子、良乡栗子，才觉到已到深秋了。"

"向来有'良乡栗子，难过日子'的俗语，每年良乡栗子上市，寒风就跟着来了。良乡栗子对于穷人，着实是一个威胁哩。"

"今年是大荒年，更难过日子吧。咿哟，这几个年头儿，穷人老是难过日子，不管良乡栗子不良乡栗子。'半山梅子'的时候，何曾好过日子？'奉化桃子'的时候，也何曾好过日子？"

"对了，那原是几十年前的老话罢咧。世界变得真快，老是良乡栗子，也和从前不同了。"

"有甚么不同？"

"从前的良乡栗子是草纸包的，现在改用这样牛皮纸做的袋子了，上面还印得有字，栗子摊招徕买主，向来是一块红纸上写金字的挂牌，后来加用留声机，新近留声机已不大看见，都改为无线电收音机了。几乎每个栗子摊都有一架收音机。"

"这不是进步吗？"

"进步呢原是进步，可惜总是替外国人销货色。从前的草纸、红纸，不消说是中国货，现在的牛皮纸、收音机，是外国货。良乡栗子已着洋装了！你想，我们今天吃两毛钱的良乡栗子，要给外国赚几个钱去？外国人对于良乡栗子一项，每年可销多少牛皮纸？多少收音机？还有印刷纸袋用的油墨和机器？……"

"这是一段很好的提倡国货演说啊！去年是国货年，今年是妇女国货年，明年大概是小孩国货年了吧。有机会时你去上台演说倒好！"

"可惜没人要我去演说。演说了其实也没有用。中国的军备、交通、卫生、文化、教育、工艺，那一件不是直接间接替外国人推销货色的玩意儿？"

"唉！——还是吃良乡栗子吧——这是'良乡栗子大王'你看，纸袋上就印着这几个字。"

"这也是和从前不同的一点，从前是叫'良乡名栗''良乡奎栗'的，现改称'大王'了。外国有的是'钢铁大王''煤油大王''汽车大王'，我们中国有的是'瓜子大王''花生米大王''栗子大王'，再过几天，'湖蟹大王'又要来了。甚么都是'大王'，好多的'大王'呵！"

"还有哩！'鸦片大王''麻将大王''牛皮大王'……"

"现在不但大王多，皇后也多。甚么'东宫皇后'咧，'西宫皇后'咧，名目很多，至于'电影皇后''跳舞皇后'，更不计其数。"

"这是很自然的,自古说'一阴一阳之为道',有这许多'大王',当然要有这许多'皇后'才相称,否则还成世界吗?"

"哈哈!"

(原刊于1934年10月《中学生》第48号)

幽默的叫卖声

住在都市里,从早到晚,从晚到早,不知要听到多少种类多少次数的叫卖声。深巷的卖花声是曾经入过诗的,当然富于诗趣,可惜我们现在实际上已不大听到。寒夜的"茶叶蛋""细沙粽子""莲心粥"等等,声音发沙,十之七八似乎是"老枪"的喉咙,困在床上听去颇有些凄清。每种叫卖声,差不多都有着特殊的情调。

我在这许多叫卖者中,发现了两种幽默家。

一种是卖臭豆腐干的。每到下午五六点钟,弄堂口常有臭豆腐干担歇着或是走着叫卖,担子的一头是油锅,油锅里现炸着臭豆腐干,气味臭得难闻。卖的人大叫"臭豆腐干!""臭豆腐干!"态度自若。

我以为这很有意思。"说真方,卖假药""挂羊头,卖狗肉",是世间一般的毛病,以香相号召的东西,实际往往是臭的。卖臭豆腐干的居然不欺骗大众,自叫"臭豆腐干",把"臭"作为口号标语,实际的货色真是臭的。言行一致,名副其实,如此不欺骗别人的事情,怕世间再也找不出了吧!我想。

"臭豆腐干!"这呼声在欺诈横行的现世,俨然是一种愤世嫉俗的激越的讽刺!

还有一种是五云日升楼卖报者的叫卖声。那里的卖报的和别处不同，没有十多岁的孩子，都是些三四十岁的老枪瘪三，身子瘦得像腊鸭，深深的乱头发、青屑屑的烟脸，看去活像个鬼。早晨是不看见他们的，他们卖的总是夜报。傍晚坐龟车打那儿经过，就会听到一片发沙的卖报声。

他们所卖的似乎都是两个铜板的东西，如《新夜报》《时报号外》之类。叫卖的方法很特别，他们不叫"刚刚出版××报"，却把价目和重要新闻标题联在一起，叫起来的时候，老是用"两个铜板"打头，下面接着"要看到"三个字，再下去是当日的重要的国家大事的题目，再下去是一个"那"字。"两个铜板要看到十九路军反抗中央那！"在福建事变起来的时候，他们就这样叫。"两个铜板要看到日本副领事在南京失踪那！"藏本事件开始的时候，他们就这样叫。

在他们的叫声里任何国家大事都只要花两个铜板就可以看到，似乎任何国家大事都只值两个铜板的样子。我每次听到，总深深地感到冷酷的滑稽情味。

"臭豆腐干！""两个铜板要看到××××那！"这两种叫卖者颇有幽默家的风格。前者似乎富于热情，像个矫世的君子；后者似乎鄙夷一切，像个玩世的隐士。

（原刊于1935年3月《太白》第2卷第1期）

好话与符咒式的政治

我想把目前的政治称为好话与符咒式的政治。目前的政治至少有这样的一面。为使读者明白起见，让我先来解释好话与符咒的意义。

人类抱有说不尽的愿望。愿望之中，有些是不能或不易实现的，如想"长生不老"、想"风调雨顺"之类。世间所谓"一相情愿"者，就指这些而言。

这"一相情愿"的愿望有两种表现的方式，一是说好话，二是用符咒。"百年偕老""黄金万两"是好话，"姜太公在此""泰山石敢当"以及虎头牌、八卦牌之类是符咒。好话，《诗经》《书经》上已见，秦汉人在砖瓦上铜器上也有"长乐""未央""子孙永保用"等等的吉祥语，足见起源是很古的。符咒与原始宗教有关系，起源也许更古。

好话与符咒同是"一相情愿"的表现方式，其愿望的对象大概是人力以上的事：有的属于运命的支配，如"多福多寿多男子""指日高升"等类的愿望是；有的属于自然的威力，照一般人的见解是神鬼所使的，如祈雨、祈晴、辟邪等类的愿望是。至于自己力所能及的事情，就用不着好话或符咒。当工人拿起工具来工作时，当学生捧起书本来用功时，只知切实地做，去达到愿望，决没有玩这些把戏的傻子。

好话与符咒，因为其对象是人力以上的事情，其灵应与否全无把握，所以也就没有甚么责任可言。做喜娘的于男女结婚时用好话骗钱，这对结婚的男女后来即使反目，成了鳏寡，或是无子，她可不必认甚么过差。做道士的尽管替人家画消灾的符，念驱邪的咒，灵验时固好，不灵验时也没有甚么罪。不像一般人对于自己的工作，要自想办法，要负职务上的责任。

反过来说，我们对于自己的工作如果不想办法，不负职务上的责任，那末我们关于工作所表示的，全部就等于好话与符咒，虽有热诚也只是"一相情愿"的事。一个商人想营业发达，不从营业上切实想办法，那末他的一切表示就等于在口头上说利市，在壁上挂"万商云集"的幛轴，其功用决不可靠。

现在试用这眼光来看目前的政治。

政治的对象是人力所及的世间实务，原不是命运神鬼所支配的东西。为政不在多言，为政者所言的就是其所行的。为政者有政权在手，说得出的理应做得到，决不会像好话符咒似的没把握，可以不负职务上的责任。可是目前的政治情形大有叫人哭笑不得之感。目前政治上的黑暗的坏的方面，如贪污、横暴、不法之类且不谈，即就其光明的好的方面看来，也大半叫人失望。为政者所发表的政见并非不好听，所颁布的文告也着实冠冕堂皇，若论其效果，大半不甚可靠，犹如好话与符咒一般。

试以近事为例吧。最近教育部当局飞到上海来视察，于学费高涨，中产人家的子女大多数被摈在校门外的情况之下，宣说要"扫除上海文盲"。这在教育当局自应有此愿望，但在现状之

下看来，老实说有些"一相情愿"。他所发表的政见只是一句好话。又，前次负接收责任的最高当局在上海时，正值物价初度暴涨，人民叫苦，他有鉴于此，乃颁发一张大大的布告，贴在各处通弄的墙上，说叫商人自己抑平物价，一律恢复到九月十二日以前的价格，违者以扰乱治安论。布告是到处煊赫地贴着，物价却日日暴涨，而且越涨越凶。这种布告在我看来，就像道士的符咒，并不灵。自从整洁运动以后，这布告就被"整洁"得干干净净，不留痕迹，我们大家也把它从记忆中消失了。不但我们，也许连颁发布告者自己也忘了有这一回事了吧，不然为何毫无下文，让物价涨到像今日的地步。

一时期有一时期的标语，一个官有一个官的政见。话都是好听的，可惜结果没有效验，等于不灵的符咒。近来每当一官到任，于爆竹声中见到满街花花绿绿的标语时，我不禁要为之苦笑，记起"爆竹一声除旧，桃符万户更新"的老对句来。

最近的新标语是"建国必成""精诚团结""政治民主""中国工业化"等等，但愿为政者对于这些高明的政见能有几分实现，不使它再成为"一相情愿"的好话与符咒。

（原刊于1945年11月25日《大晚报》）

怯弱者

一

阴历七月中旬，暑假快将过完。他因在家乡住厌了，就利用了所剩无几的闲暇，来到上海。照例耽搁在他四弟行里。

"老五昨天又来过了，向我要钱，我给了他十五块钱。据说前一会浦东纱厂为了五卅事件，久不上工，他在领总工会的维持费呢。唉，可怜！"兄弟晤面了没有多少时候，老四就报告幼弟老五的近况给他听。

"哦！"他淡然地说。

"你总只是说'哦'，我真受累极了。钱还是小事，看了他那样儿，真是不忍。鸦片恐还在吸吧，你看，靠了苏州人做女工，那里养得活他。"

"但是有甚么法子罗！"他仍淡然。

自从老五在杭州讨了所谓苏州人，把典铺的生意失去了以后，虽同住在杭州，他对于老五就一反了从前劝勉慰藉的态度，渐渐地敬而远之起来。老五常到他家里来，诉说失业后的贫困和妻妾间的风波，他除了于手头有钱时接济些以外，一概不甚过问。老五有时说家里有菜，来招他吃饭，他也托故谢绝。他当时

所最怕的，是和那所谓苏州人的女人见面。

"见了怎样称呼呢？她原是拱宸桥货，也许会老了脸皮叫我三哥吧。我叫她甚么？不尴不尬的！"这是他心里老抱着的顾虑。

有一天，他从学校回到家里，妻说：

"今天五弟领了苏州人来过了，说来见见我们的，才回去哩。"

他想，幸而迟了些回来，否则糟了。但仍不免为好奇心所驱：

"是甚么样一个人？漂亮吗？"

"也不见得比五娘长得好。瘦长的身材，脸色黄黄的，穿的也不十分讲究。据说五弟当时做给她的衣服，有许多已经在典铺里了。五弟也憔悴得可怜，和在典铺里时比起来竟似两个人，何苦啊，真是前世事！"

老五的状况，愈弄愈坏。他每次听到关于老五的音信，就想象到自己手足沉沦的悲惨。可是却无勇气去直视这沉沦的光景。自从他因职务上的变更迁居乡间，老五曾为年过不去，奔到乡间来向他告贷一次，以后就无来往，唯从他老四那里听到老五的消息而已。有时到上海，听到老五已把正妻逼回母家，带了苏州人到上海来了。有时到上海，听到老五由老四荐至某店，亏空了许多钱，老四吃了多少的赔账。有时到上海，听到老五梅毒复发了，卧在床上不能行动。后来又听到苏州人入浦东某纱厂做女工了，老五就住在浦东的贫民窟里。

当老四每次把老五的消息说给他听时，他的回答，只是一个"哦"字。实际，在他，除了回答说"哦"以外，甚么都不能说了。

"不知老五究竟苦到怎样地步了。既到了上海，就去望他一次吧。"有时他也曾这样想。可是同时又想到：

"去也没用，梅毒已到了第三期了，鸦片仍在吸，住在贫民窟里，这光景见了何等难堪。况且还有那个苏州人……横竖是无法救的了，还是有钱时送给他些吧。他所要的是钱，其实单靠钱也救他不了……"

自从有一次在老四行里偶然碰见老五，彼此说了些无关轻重的话就别开以后，他已有二年多不见老五了。

二

到上海的第二天，他才和朋友在馆子里吃了中饭回到行里去，见老四皱了眉头和一个工人模样的人在谈话。

"老三，说老五染了时疫，昨天晚上起到今天早晨泻了好几十次，指上的螺纹也已瘪了。这是老五的邻居，特地从浦东赶来通报的。"他才除了草帽，就从老四口里听到这样的话。

"哦。"他一壁回答，一壁脱下长衫到里间去挂。

"那末，你先回去，我们就派人来。"他在里间听见老四送浦东来人出去。

立时，行中伙友们都失了常态似地说东话西起来了。

"前天还好好地到此地来过的。"张先生说。

"这时候正危险，一不小心……"在打算盘的王先生从旁加入。

老四一进到里间，就神情凄楚地说：

"说是昨天到上海来,买了二块钱的鸦片去——大概就是我给他的钱吧!因肚子饿了,在小面馆里吃了一碗面,回去还自己煎鸦片的。到夜饭后就发起病来。照来人说的情形,性命恐怕难保的了。事已如此,非有人去不可。我也未曾去过,有地址在此,总问得到的。你也同去吧。"

"我不去!"

"你怕传染吗?自己的兄弟呢。"老四瞠目说。

"传染倒不怕,我在家里的时候,请医生打过预防针了。实在怕见那种凄惨的光景。我看最要紧的还是派个人去,把他送入病院吧。"

"但是,总非得有人去不可。你不去,只好我一个人去——一个人去也有些胆小,还是叫吉和叔同去吧。他是能干的,有要紧的时候可以帮帮。"老四一壁说一壁急摇电话。

果然,吉和叔一接电话就来,老四立刻带了些钱着了长衫同去了。他只是懒懒地靠在沙发上目送他们出门。行中伙友都向他凝视,那许多惊讶的眼光,似乎都在说他不近人情。

他自己也觉得有些不近人情,自恨自己怯弱,没有直视苦难的能力,却又具有着对于苦难的敏感。身子虽在沙发上,心已似飞到浦东,一味作着悲哀的想象:

"老五此刻想来泻得乏力了,眼睛大约已凹进了,据说霍乱症一泻肉就瘦落的——不,或者已气绝了……"

他努力要把这种想象压住,同时却又引起了联想,纷然地回忆起许多往事来:记到儿时兄弟在老屋檐前怎样玩耍,母亲在日怎样爱恋老五,老五幼时怎样吃着嘴讲话讨人欢喜,结婚后怎样不平，怎样开始放荡，自己当时怎样劝导，第一次发梅毒时，自己怎样得知了跑到拱宸桥去望他，怎样想法替他担任筹偿旧债。又记自己幼时逢大雷雨躲入床内，得知家里要杀鸡就立即逃避，看戏时遇到《翠屏山杀嫂》等戏要当场出彩，预先俯下头去，以及妻每次生产时不敢走入产房，只在别室中闷闷地听着妻的呻吟声默祷她安全的光景。又记得二十五岁那年母亲在自己手腕上气绝时，自己的难忍，五岁爱儿患了肺炎将断气时虽嘶了声叫"爸爸来，爸爸来"，自己不敢走近去抱他，终于让他死在妻怀里的情形。

种种的想象与回忆，使他不能安坐在沙发上。他悄然地披上长衣，拿了草帽无目的地向外走去。见了路上的车水马龙，愈觉着寂寥。夕阳红红地射在夏布长衫上，可是在他却时觉有些寒噤。他荡了不少的马路，终于走入一家酒肆，拣了一个僻静的位子坐下。

电灯早亮了，他还是坐着，约莫到了八点多钟，才懒懒地起身。他怕到了老四行里，得知恶消息，但不得消息又不放心。大了胆到了行里，见老四和吉和叔还未回行，又忐忑不安起来：

"这许多时候不回来，怕是老五已经死了。也许是生死未定，他们为了救治，所以离不开身。"这样自己猜忖。

老四等从浦东回来已在九点钟以后。

"你好！这样写意地躺在沙发上，我们一直到此刻才算'眼不见为净'，连夜饭都还未下肚呢！"吉和叔一进来就含笑带怒地说。

他一听了吉和叔的责言，几乎要辩解说："我在这里恐怕比你们更难过些。"可是终于咽住。因为从吉和叔的言语和神情，推测到老五还活着，紧张的心绪也就宽缓了些。

"病得怎样？不要紧吗？"他禁不住一见老四就问。

"泻是还在泻，神志尚清，替他请了个医生来打过盐水针，所以一直弄到此刻，据医生说温度已有些减低，救治欠早，约定明晨再替他诊视一次，但愿今夜不再泻，就不要紧——我们要回来，苏州人向着我们哀哭，商量后事，说她曾割过股了，万一老五不好，还要替他守节。却不料妓女中竟有这样的人——老五自己说恐怕今夜难过，要我们陪他。但是地方真不像个样子，只是小小的一间楼上，便桶风炉就在床边，一进房便是臭气。我实在要留也不能留在那里，只好硬了心肠回来。"

吉和叔说恐受有秽气，吃饭时特叫买高粱酒，一壁饮酒一壁杂谈方才到浦东去的情形，说甚么左右邻居一见有着长衫的人去，就大惊小怪地围拢来，医生打盐水针时，满房站满了赤膊的男人和抱小孩的女人，尽回复也不肯散，以及小弄堂内苍蝇怎样多，想到自己祖父名下的人落魄到住这种场所，心里怎样难过。他只是托了头坐在旁边听着。等到饭毕，吉和叔回去了，他还是茫然地坐在原处不动。

"我预备叫车夫阿兔到浦东去，今夜就叫他陪在那里，有要紧即来报告。再向朋友那里挑些大土膏子带去。今夜大约是不要紧的，且到明天再说吧。"老四一壁说，一壁就写条子问朋友借鸦片，按电铃叫车夫阿兔。

"死了怎样呢？"他情不自禁地自己唧咕着说。

"死了也没有法子，给他备衣棺，给他安葬，横竖只要钱就是了。世间有你这样的人！还说是读书的！遇事既要躲避，又放不下，老是这样粘缠！"

老四说时笑了起来。他也不觉为之破颜，自笑自己真太呆蠢，记起母亲病危时妻的话来：

"你这样夜不合眼，饭也不吃，自割自吊地烦恼，倒反使病人难过，连我们也被你弄得心乱了。你看四弟呵，他服侍病人，延医、买药，病人床前有人时，就偷空去睡，起来又做事，何尝像你的空忙乱！"

老四回寓以后，他也就睡，因为睡不着，重起来把电灯熄了。电灯一熄，月光从窗间透入。记起今夜是阴历七月十五的鬼节，不禁有些毛骨悚然，似乎四周充满了鬼气似的。

三

天一亮，车夫阿兔回来，说泻仍未止，病势已笃，病人昨天知道老三在上海，夜间好几次地说要叫老三去见见。

他张开了红红的眼，在床上坐起身来听毕车夫阿兔的报告。

"哦！知道了！"

他胡乱地把面洗了，独自坐在沙发上，拿了一张旧报纸茫然地看着，心里不绝地回旋：

"这真是兄弟最后的一会了……但正唯其是兄弟，正唯其是最后一会，所以不忍。别说他在浦东贫民窟里，别说还有那个所谓苏州人，就是他清清爽爽地在自己老家里，到这时我也要逃开的……可惜昨天没有去。昨天去了，不是也过去了吗？昨天不去，今天更不忍去了。……不过，不去又究竟于心不安。……"

这样的自己主张和自己打消，使他苦闷得坐不住，立起身来在客堂圆桌周围只管绕行！一直到行中伙友有人起来为止。

九时，老四到行，从车夫阿兔口中问得浦东消息，即向他说：

"那末，你就去一趟吧。叫阿兔陪你去好吗？"

"我不去！"他断然地说。

兄弟二人默然相对移时。浦东又有人来急报病人已于八时左右气绝了。

"终于不救！"老四闻报叹息说。

"唉！"他只是叹息。同时因了事件的解决，紧张的心情反觉为之一宽。

行中伙友又失起常度来了，大家聚拢来问讯，互相谈论。

"季方先生人是最好的，不过讨了个小，景况又不大好。这样死了，真是太委屈了！"一个说。

"他真是一个老实人，因为太忠厚了，所以到处都吃亏。"一个说。

"默之先生，早知道如此，你昨天应该去会一会的。"张先生向着他说。

"去也无用，徒然难过。其实，像我们老五这种人，除了死已没有路了的。死了倒是他的福。"他故意说得坚强。

老四打发了浦东来报信的人回去，又打电话叫了吉和叔来，商量买棺木衣衾，及殓后送柩到斜桥绍兴会馆去的事。他只是坐在旁听着。

"棺材约五六十元，衣衾约五六十元，其他开销约二三十元，将来还要运送回去安葬。……"老四拨着算盘子向着他说。

"我虽穷，将来也愿凑些。钱的事情究竟还不算十分难。"

吉和叔和老四急忙出去，他也披起长衣，就怅怅无所之地走出了行门。

四

当夜送殓，次晨送殡，他都未到。他携了香烛悄然地到斜桥绍兴会馆，是在殡后第二日下午，他要动身回里的前几点钟。

一下电车，沿途就见到好几次丧事行列，有的有些排场，有的只是前面扛着一口棺材，后面东洋车上坐着几个着丧服的妇女或小孩。

"不过一顿饭的工夫，见到好几十口棺材了。这几天天天如此，人真不值钱啊。"他因让路，顺便走入一家店铺买香烟，那店伙自己在唧咕着。

他听了不胜无常之感。走在烈日之中，汗虽直淋，而身上却觉得有些寒栗。因了这普遍的无常之感，对于自己兄弟的感伤反淡了许多，觉得死的不但是自己的兄弟。

进了会馆门，见各厅堂中都有身着素服的男女休息着，有的泪痕才干，眼睛还红肿，有的尚在啜泣。他从管会馆的司事那里问清了老五的殡所号数，叫茶房领到柩厂中去。

穿过圆洞门，就是一弄一弄的柩厂。厂中阴惨惨地不大有阳光，上下重叠地满排着灵柩，远望去有黑色的，有赭色的，有和头上有金花样的，两旁分排，中间只有一人可走的小路。他一见这光景，害怕得几乎要逃出，勉强大着胆前进。

"在这弄里左边下排着末第三号就是。和头上都钉得有木牌的，你自去认吧。"茶房指着弄口，说了就走了。

他才踏进弄，即吓得把脚缩了出来。继而念及今天来的目的，于是重新屏住了鼻息目不旁瞬地进去。及将至末尾，才去注意和头上的木牌。果然找着了。棺口湿湿的似新封未干，牌上写着的姓名籍贯年龄，确是老五。"老五！"他不禁在心里默呼了一声，鞠下躬去，不禁泫然落下泪来，满想对棺祷诉，终于不敢久立，就飞步地跑了出来。到弄外呼吸了几口大气，又向弄内看了几看才走。

到了客堂里，茶房泡出茶来。他叫茶房把香烛点了，默默地看着香烛坐了一会。

"老五！对不住你！你是一向知道我的，现在应更知道我了。"这是他离会馆时心内的话。

一出会馆门，他心里顿觉宽松了不少，似乎释了甚么重负似的。坐在从斜桥到十六铺的电车上，他几乎睡去，原来他已疲劳极了。

上船不久，船就开驶。他于船初开时，每次总要出来望望的。平常总向上海方面看，这次独向浦东方面看。沿江连排红顶的码头栈房后背，这边那边地矗立着几十支大烟囱，黑烟在夕阳里败絮似地喷着。

"不知那条烟囱是某纱厂的，不知那条烟囱旁边的小房子是老五断气的地方。"他竖起了脚跟，伸了头颈注意一一地望。

船已驶到几乎看不到人烟的地方了，他还是靠在栏杆上向船后望着。

（原刊于1926年5月《小说月报》第17卷第5号）

闻歌有感

　　一来忙，开出窗门亮汪汪；
　　二来忙，梳头洗面落厨房；
　　三来忙，年老公婆送茶汤；
　　四来忙，打扮孩儿进书房；
　　五来忙，丈夫出门要衣裳；
　　六来忙，女儿出嫁要嫁妆；
　　七来忙，讨个媳妇成成双；
　　八来忙，外孙剃头要衣装；
　　九来忙，捻了数珠进庵堂；
　　十来忙，一双空手见阎王。

　　十一岁的阿吉和六岁的阿满又在唱这俗谣了。阿满有时弄错了顺序，阿吉给伊订正。妻坐在旁边也陪着伊们唱，一壁拍着阿满，诱伊睡熟。

　　这俗谣是我近来在伊们口上时常听到的，每次听到，每次惆怅，特别是在那夏夜的月下，我的惆怅更甚。据说，把这俗谣输入到我家来的是前年一个老寡妇的女佣。那女佣从何处听来，不得而知了。

　　几年前，我读了莫泊桑的《一生》，对女主人公的一生的经

过，感到不可言说的女性的世界苦。好好的一个女子，从嫁人、生子，一步一步地陷入到"死"的口里去。因了时代和国土，其内容也许有若干的不同，但总逃不出那自然替伊们预先设好了刻版的铸型一步。怪不得贾宝玉在姐妹嫁人的时候要哭了！

《一生》现在早已不读，并且连书也已散失，不在手头了，可是那女性的世界苦的印象，仍深深地潜存在我心里，每次见到将结婚或是结婚了的女子，将有儿女或是已有儿女的女子，总不觉要部分地复活，特别是每次听到这俗谣的时候，竟要全体复活起来。这俗谣竟是中国女性的"一生"！是中国女性"一生"的铸型！

我的祖母、我的母亲，已和一般女性一样都规规矩矩地忙了一生，经过了这些平板的阶段，陷到"死"的口里去了。我的妹子，只忙了前几段，以二十七岁的年纪，从第五段一直跳过到第十段，见阎王去了！我的妻正在一段一段地向这方走着！再过几年，眼见得现在唱这歌的阿吉和阿满也要钻入这铸型去！

记得有一次，我那气概不可一世的从妹对我大发挥其毕生志愿时，我冷笑说：

"别做梦吧！你们反正是要替孩子抹尿屎的！"

从妹那时对于我的愤怒，至今还记得。后来伊结婚了，再后来，伊生子了，眼见伊一步一步地踏上这阶段去！甚么"经济独立""出洋求学"等等，在现在的伊已如春梦浮云，一过便无痕迹。我每见了伊那种憔悴的面容，及管家婆的像煞有介事的神情，几乎要忍不住下泪。可是伊却反不觉甚么，原来"家"的铁笼，已把伊的野性驯伏了！

易卜生在《海得加勃勒》中，借了海得的身子，曾表示过反对这桎梏的精神。苏特曼在《故乡》中也曾借了玛格娜的一生，描写过不甘被这铁笼所牢缚的野性，且不说世间难得有这许多的海得、玛格娜样的新妇女，即使个个都是，结果只是造成了第三性的女子，在社会看来也是一种悲剧。国内近来已有了不少不甘为人妻的"老密斯"和不愿为人母的新式夫人。女性的第三性化似已在中国的上流社会流行开始了！如果给托尔斯泰或爱伦凯女士见了，不知将怎样叹息啊！

贤妻良母主义虽为世间一部分所诟病，但女性是免不掉为妻与为母的。说女性于为妻与为母以外还有为人的事则可以，说女性既为了人就无须为妻为母决不成话。既须为妻为母，就有贤与良的理想的要求，所不同的只是贤与良的内容解释罢了。可是无论把贤与良的内容怎样解释，总免不掉是一个重大的牺牲，逃不出一个"忙"字！

自然所加给女性的担负真是严酷。《创世记》中上帝对于第一对男女亚当夏娃的罚，似乎待女性的比待男性的苛了许多。难道真是因为女性先受了蛇的诱惑的缘故吗？抑是女性真由男性的肋骨造成，地位价值根本上不及男性？

中馈、缝纫、奉夫、哺乳、教养……忙煞了不知多少的女性。个人自觉不发达的旧式女性一向沉没在自然的盲目的性意识里，千辛万苦，大半于无意识中经过，比较地不成问题。所最成问题的是个人自觉已经发展的新女性。个人主义已在新女性的心里占着势力了，而性的生活及其结果，在性质上与个人主义却绝对矛盾。这性与个人主义的冲突，就是构成女性世界苦的本质。

故愈是个人自觉发达的新女性，其在运命上所感到的苦痛也应愈强。国内现状沉滞麻木如此，离所谓"儿童公育""母性拥护"等种种梦想的设施还很远很远，无论在口上笔上说得如何好听，女性在事实上还逃不掉家庭的牢狱。今后觉醒的女性在这条满是铁蒺藜的长路上将怎样去挣扎啊！

叫新女性把个人的自觉抑没了，来学那旧式女性的盲目的生活，减却自己的苦痛吗？社会上大部分的人们也许在这样想。甚么"女子教育应以实用为主"，甚么"新式女子不及旧式女子的能操家政"，种种的呼声都是这思想的表示。但我们断不能赞成此说，旧式女性因少个人的自觉，千辛万苦都于无意识中经过，所感到的苦痛不及新女性的强烈，这种生活自然是自然的，可是与普通的生物界有何两样！如果旧式女性的生活可以赞美，那末动物的生活该更可赞美了。况且旧式女性也未始不感到苦痛，这俗谣中所谓"忙"，不都是以旧式女性为立场的吗？

一切问题不在事实上，而在对于事实的解释上。女性的要为妻为母是事实，这事实所给于女性的特别麻烦，因了知识的进步及社会的改良，自然可除去若干，但断不能除去净尽。不，因了人类欲望的增加，也许还要在别方面增加现在所没有的麻烦。说将来的女性可以无苦地为妻为母，究是梦想。

我不但不希望新女性把个人的自觉抑没，宁愿希望新女性把这才萌芽的个人的自觉发展强烈起来，认为妻为母是自己的事，把家庭的经营、儿女的养育，当作实现自己的材料，一洗从来被动的屈辱的度。为母固然是神圣的职务，为妻是为母的预备，也是神圣的职务。为母为妻的麻烦不是奴隶的劳动，乃是自己实现的手段，应该自己觉得光荣优越的。

"我有男子所不能做的养小孩的本领！"

这是斯德林堡某作中女主人公反抗丈夫时所说的话。斯德林堡一般被称为女性憎恶者，但这句话却足以为女性吐气。我们的新女性，应有这自觉的优越感才好。

苦乐不一定在外部的坏境，自己内部的态度常占着大部分的势力。有花草癖的富翁不但不以晨夕浇灌为苦，反以为乐，而在园丁却是苦役。这分别全由于自己的与非自己的上面，如果新女性不彻底自觉，认为妻为母都不是为己，是替男子作嫁，那末即使社会改进到如何的地步，女性面前也只有苦，永无可乐的了。

心机一转，一切就会变样。《海上夫人》中，爱丽妲因丈夫梵格尔许伊自决去留，说"这样一来，一切事都变了样了"，伊就一变了从前的态度，留在梵格尔家里，死心塌地做后妻，做继母。这段例话通常认作自由恋爱的好结果，我却要引来作心机一转的例。梵格尔在这以前并非不爱爱丽妲，可是为妻为母的事，在爱丽妲的心里，总是非常黯淡。后来一转念间，就"一切都变了样了"。所谓"烦恼即菩提"，并不定是宗教上的玄谈啊！

妇女解放的声浪在国内响了好几年了，但大半都是由男子主唱，且大半只是对于外部的制度上加以攻击。我以为真正妇女问题的解决，要靠妇女自己设法，好像劳动问题应由劳动者自己解决一样。而且单攻击外部的制度，不从妇女自己的态度上谋改变，总是不十分有效的。老实说。女性的敌就在女性自身！如果女性真已自己觉得自己的地位并不劣于男性，且重要于男性，为妻、产儿、养育，是神圣光荣的事务，不是奴隶的役使，自然会

向国家社会要求承认自己的地位价值，一切问题应早已不成问题了。唯其女性无自觉，把自己神圣的奉仕认作屈辱的奴隶的勾当，才致陷入现在的堕落的地位。

有人说，女性现在的堕落是男性多年来所驯致的。这话当然也不能反对。但我认为无论男性如何强暴，女性真自觉了，也就无法抗衡。但看娜拉啊！真有娜拉的自觉和决心，无论谁做了哈尔茂亦无可奈何。娜拉的在以前未能脱除傀儡衣装，并不是由于哈尔茂的压迫，乃是娜拉自身还缺少自觉和决心的缘故。"小松鼠""小鸟儿"等玩弄的称呼，在某一意义上可以说是娜拉甘心乐受，自己要求哈尔茂叫伊的啊！

正在为妻为母和将为妻为母的女性啊！你们正"忙"着，或者快要"忙"了。你们在现在及较近的未来，要想不"忙"是不可能的。你们既"忙"了，不要再因"忙"反屈辱了自己，要在这"忙"里发挥自己，实现自己，显出自己的优越，使国家社会及你们对手的男性，在这"忙"里认识你们的价值，承认你们的地位！

（原刊于1926年7月《新女性》第7号）

长 闲

　　他午睡醒来，见才拿在手中的一本《陶集》，皱折了倒在枕畔。午饭时还阴沉的天，忽快晴了，窗外柳丝摇曳，也和方才转过了方向。新鲜的阳光把隔湖诸山的皱折照得非常清澈，望去好像移近了一些。新绿杂在旧绿中，带着些黄味。他无识地微吟着"此中有深意，欲辨已忘言"，揉着倦饧饧的眼，走到吃饭间。见桌上并列地丢着两个书包，知道两个女儿已从小学散学回来了。屋内寂静无声，妻的针线笸里，松松地闲放着快做成的小孩罩衣，针子带了线斜定在纽结上。壁上时钟正指着四点三十分。

　　他似乎一时想走入书斋去，终于不自禁地踱出廊下。见老女仆正在檐前揩抹预备腌菜的瓶坛，似才从河埠洗涤了来的。

　　"先生起来了，要脸水吗？"

　　"不要。"他躺在摆在檐头的藤椅上，燃起了卷烟。

　　"今天就这样过去吧，且等到晚上再说了。"他在心里这样自语。躺了吸着烟，看看墙外的山、门前的水，又看看墙内外的花木，悠然了一会。忽然立起身来，从檐柱上取下挂在那里的小锯子，携了一条板凳，急急地跑出墙门外去。

　　"又要去锯树了。先生回来以后，日日只是弄这些树木。"他听到女仆在背后这样带笑说。

方出大门，见妻和两个女孩都在屋前园圃里：妻在摘桑，两个女孩在旁"这片大，这片大"地指着。

"阿吉、阿满，你们看，爸爸又要锯树了。"妻笑着说。

"这丫杈太大了，再锯去它。小孩别过来！"他踏上凳子，把锯子搁到方才看了不中意的那柳枝上。

小孩手臂样粗的树枝"拍"地一落下，不但本树的姿态为之一变，前后左右各树的气象及周围的气氛，在他看来也都一新。携了板凳回入庭心，把头这里那里地侧着看了玩味一会，觉得今天最得意的事就是这件了，于是仍去躺在檐头的藤椅上。

妻携了篮进来。

"爸爸，豌豆好吃了。"阿满跟在后面叫着说，手里捻着许多小柳枝。

"那，这样大了。"妻揭起篮面的桑叶，篮底平平地叠着扁阔深绿的豆荚。

"啊，这样快！快去煮起来，停会好下酒。"他点着头。

黄昏近了，他独自缓饮着酒。桌上摆着一大篮的豌豆，阿吉、阿满也伏在桌上抢着吃。妻从房中取出蚕笾来，把剪好的桑片铺撒在灰色蠕动的蚕上。两个女孩几乎要把头放入笾里去。妻擎起笾来逼近窗口去看，一手抑住她们的攀扯。

"就可三眠了。"妻说着，把蚕笾仍拿入房中去。他一壁吃着豌豆，一壁望着蚕笾，在微醺中又猛触到景物变迁的迅速和自己生活的颓唐来。

"唉！"不觉泄出叹声。

"甚么了？"妻愕然地从房中出来问。

"没有甚么。"

室中已渐昏黑，妻点起了灯，女仆搬出饭来。油炸笋、拌莴苣、炒鸡蛋，都是他近来所自名为山家清供而妻所经意烹调的。他眼看着窗外的暝色，一杯一杯地只管继续饮。等妻女都饭毕了，才放下酒杯，胡乱地吃了小半碗饭，含了牙签，踱出门外去，在湖边小立。等暗到甚么都不见了，才回入门来。

吃饭间中灯光亮亮的，妻在继续缝衣服，女仆坐在对面用破布叠鞋底，一壁和妻谈着甚么。阿吉在桌上布片的空隙处摊了《小朋友》看着，阿满把她半个小身子伏在桌上，指着书中的猫或狗强要母亲看。一灯之下，情趣融然。

他坐在壁隅的藤椅子上，燃起卷烟，只沉默了对着这融然的光景。昨日在屋后山上采来的红杜鹃，已在壁间花插上怒放，屋外时而送入低而疏的蛙声，一切都使他感觉到春的烂熟。他觉得自己的全身心已沉浸在这气氛中，陶醉得无法自拔了。

"为甚么总是这样懒懒的！"他不觉这样自语。

"今夜还做文章吗？春天夜是熬不得的，为甚么日里不做些！日里不是睡觉，就是荡来荡去，换字画，换花盆，弄得忙煞。夜里每夜弄到一二点钟。"妻举起头来停了针线说。

"夜里静些啰。"

"要做也不在乎静不静。白马湖真是最静也没有了，从前在杭州，比这里不知要嘈杂得多少，不是也要做吗？无论甚么生活，要坐牢了才做得出。我这几天为了几条蚕，采叶呀，甚么呀，人坐不牢，别的生活就做不出。阿满这件衣服，本来早就该做好了的，你看，到今天还未完工呢。"

妻的话，这时在他，真比甚么"心能转境"等类的宗门警语还要痛切。觉得无可反对，只好逃避说：

"日里不做夜里做，不是一样的吗？"

"昨夜做了多少呢？我半夜醒来还听见你在天井里踱来踱去，口里念着甚么'明日自有明日'哩。"

"不是吗？我也听见的。"女仆羼入。

"昨夜月色实在太好了，在书房里坐不牢。等到后半夜上云了，人也倦了，一点都不曾做啊。"他不禁苦笑了。

"你看！那岂不是与灯油有仇？前个月才买来一箱火油，又快完了。去年你在教书的时候，一箱可点三个多月呢——赵妈，不是吗？"妻说时向着女仆，似乎要叫她作证明。

"火油用完了，横竖先生会买回来的，怕甚么？嗳，满姑娘！"女仆拍着阿满笑着说。

"洋油也是爸爸买来的，米也是爸爸买来的，阿吉的《小朋友》也是爸爸买来的，屋里的东西，都是爸爸买来的。"阿满把快要睡去的眼张开了说。

女仆的笑谈、阿满的天真烂漫的稚气，引起了他生活上的忧虑。妻不知为了甚么，也默然了，只是俯了头动着针子。一时沉默支配着一室。

三个月来的经过，很迅速地在他心上舒展开了，三个月前，他弃了多年厌倦的教师生涯，决心凭了仅仅够支持半年的储蓄，回到白马湖家里来，把一向当作副业的笔墨工作改为正业，从文字上去开拓自己的新天地。"每月创作若干字，翻译若干字。余下来的工夫便去玩山看水。"当时的计划，不但自己得意，朋友都艳羡，妻也赞成。三个月来，书斋是打叠得很停当了，房子是装饰得很妥贴了，有可爱的盆栽，有安适的几案，日日想执笔，刻刻想执笔，终于无所成就。虽着手过若干短篇，自己也不满足，都是半途辍笔，或愤愤地撕碎了投入纸篓里。所有的时间都消磨在风景的留恋上。在他，朝日果然好看，夕阳也好看，新月是妩媚，满月是清澈，风来不禁倾耳到屋后的松籁，雨霁不禁放眼到墙外的山光，一切的一切，都把他牢牢地捉住了。

想享受自然的乐趣，结果做了自然的奴隶，想做湖上诗人，结果做了湖上懒人。这是他所当初万不料及，而近来深深地感到的苦闷。

"难道就这样过去吗？"他近来常这样自讼，无论在小饮时、散步时、看山时。

壁间时钟打九时。

"咿呀！已九点钟了。时候过得真快！"妻拍醒伏在膝前睡熟的阿满，把工作收拾了，吩咐女仆和阿吉去睡。

他懒懒地从藤椅子上立起身来，走向书斋去。

"不做末，早睡啰！"妻从背后叮嘱。

"呃。"他回答，"今夜是一定要做些的了，难道就样过去吗？从今夜起。"又暗自下了决心。

立时，他觉得全身就紧凑了起来，把自己从方才懒洋洋的气氛中拉出了，感到一种胜利的愉快。进了书斋门，急急地摸着火柴把洋灯点起，从抽屉里取出一篇近来每日想做而终于未完工的短篇稿来，吸着烟，执着自来水笔，沉思了一会，才添写了几行，就觉得笔滞，不禁放下笔来举目凝视到对面壁间的一幅画上

去。那是朽道人十年前为他作的山水小景，画着一间小屋，屋前有梧桐几株，一个古装人儿在树下背负了手看月。题句是："明日事自有明日，且莫负此梧桐月色也。"他平日很爱这画，一星期前，他因看月引起了情趣，才将这画寻出，把别的画换了，挂在这里的，他见了这画，自己就觉得离尘脱俗，作了画中人了。昨夜妻在睡梦中听到他念的，就是这画上的题句。

他吸着烟，向画幅悠然了一会，几乎又要踱出书斋去。因了方才的决心，总算勉强把这诱惑抑住。同时，猛忆到某友人"清风明月不用一钱买，但是也不能抵一钱用"的话，不觉对这素来心爱的画幅感到一种不快。

他立起身把这画幅除去。一时壁间空洞洞地，一室之内，顿失了布置上的均衡。

"东西是非挂些不可的，最好是挂些可以刺激我的东西。"他这样自语，就自己所藏的书画中想来想去，忽然想到他的畏友弘一和尚的"勇猛精进"四字的小额来。

"好，这个好！挂在这里，大小也相配。"

他携了灯从画箱里费了许多工夫把这小额寻出，恐怕家里人惊醒，轻轻地钉在壁上。

"勇猛精进！"他坐下椅子去默念着看了一会，复取了一张空白稿子，大书"勤靡余劳，心有常闲"八字，用图画钉钉在横幅之下。这是他在午睡前在《陶集》中看到的句子。

"是的，要勤靡余劳，才能心有常闲。我现在是身安逸而心忙乱啊！"他大彻大悟似地默想。

一切安顿完毕，提起笔来正想重把稿子续下，未曾写到一张，就听到外面时钟"丁"地敲一点。他不觉放下了笔，提起了两臂，张大了口，对着"勇猛精进"的小额和"勤靡余劳，心有常闲"八个字，打起呵欠来。

携了灯回到卧室去。才出书斋，见半庭都是淡黄的月色，花木的影映在墙上，轮廓分明地微微摇动着。他信步跨出庭间，方才画上的题句不觉又上了他的口头，

"明日事自有明日，且莫负此梧桐月色也！"

（原刊于1926年9月《一般》第1卷第1号）

猫

　　白马湖新居落成，把家眷迁回故乡的后数日，妹就携了四岁的外甥女，由二十里外的夫家雇船来访。自从母亲死后，兄弟们各依了职业迁居外方，故居初则赁与别家，继则因兄弟间种种关系，不得不把先人有过辛苦历史的高大屋宇，售让给附近的暴发户，于是兄弟们回故乡的机会就少，而妹也已有六七年无归宁的处所了。这次相见，彼此既快乐又酸辛，小孩之中，竟有未曾见过姑母的。外甥女当然不认得舅妗和表姊，虽经大人指导勉强称呼，总是呆呆地相觑着。

　　新居在一个学校附近，背山临水，地位清静，只不过平屋四间。论其构造，连老屋的厨房还比不上，妹却极口表示满意：

　　"虽比不上老屋，总究是自己的房子，我家在本地已有许多年没有房子了！自从老屋卖去以后，我多少被人瞧不起！每次乘船行过老屋的面前，真是……"

　　妻见妹说时眼圈有点红了，就忙用话岔开：

　　"妹妹你看，我老了许多了罢？你却总是这样后生。"

　　"三姊倒不老！——人总是要老的，大家小孩都已这样大了，他们大起来，就是我们在老起来。我们已六七年不见了呢。"

"快弄饭去罢！"我听了她们的对话，恐再牵入悲境，故意打断话头使妻走开。

妹自幼从我学会了酒，能略饮几杯。兄妹且饮且谈，嫂也在旁孱着。话题由此及彼，一直谈到饭后，还连续不断。每到妹和妻要谈到家事或婆媳小姑关系上去，我总立即设法打断，因为我是深知道妹在夫家的境遇的，很不愿在难得晤面的当初，就引起悲怀。

忽然，天花板上起了嘈杂的鼠声。

"新造的房子，老鼠就这样多了吗？"妹惊讶了问。

"大概是近山的缘故罢。据说房子未造好就有了老鼠的。晚上更厉害，今夜你听，好如在打仗哩，你们那里怎样？"妻说。

"还好，我家有猫。快要产小猫了，将来可捉一只来。"

"猫也大有好坏，坏的猫老鼠不捕，反要偷食，到处撒屎，还是不养好。"我正在寻觅轻松的话题，就顺了势讲到猫上去。

"猫也和人一样，有种子好不好的，我那里的猫是好种，不偷食，每朝把屎撒在盛灰的畚斗里——你记得从前老四房里有一只好猫罢。我们那只猫就是我从老四房里讨去的小猫。近来听说老四房里已断了种了——每年生一胎，附近养蚕的人家都来千求万恳地讨，据说讨去的都不淘气的。现在又快要生小猫了。"

老四房里的那只猫向来有名。最初的老猫是曾祖在时就有了的，不知是那里得来的种子，白地小黄黑花斑，毛色很嫩，望去像上等的狐皮"金银嵌"。善捉鼠，性质却柔驯得了不得。我小孩的时候，常去抱来玩弄，听它念肚里佛，挖看它的眼睛，不啻是一个小伴侣。后来我由外面回家，每走到老四房去，有时还看见这小伴

侣的子孙。曾也想讨一只小猫到家里去养，终难得逢到恰好有小猫的机会，自迁居他乡，十年来久不忆及了，不料现在种子未绝，妹家现在所养的，不知已是最初老猫的几世孙了。家道中落以来，田产室庐大半荡尽，而曾祖时代的猫，尚间接地在妹家留着种子，这真是一种不可思议的缘，值得叫人无限感兴的了。

"哦！就是那只猫的种子！好的，将来就给我们一只。那只猫的种子是近地有名的。花纹还没有变吗？"

"你欢喜那一种？——大约一胎多则三只，少则两只。其中大概有一只是金银嵌的，有一二只是白中带黑斑的，每年都是如此。"

"那自然要金银嵌的啰。"我脑中不禁浮出孩时小伴侣的印象来。更联想到那如云的往事，为之茫然。

妻和妹之间，猫的谈话仍继续着。儿女中大些的张了眼听，最小的阿满摇着妻的膝问："小猫几时会来？"我也靠在藤椅上吸着烟默然听她们。

"小猫的时候，要教它会才好。如果撒屎在地板上了，就捉到撒屎的地方，当着它的屁打，到碗中偷食吃的时候，就把碗摆在它的前面打，这样打了几次，它就不敢乱撒屎多偷食了。"

妹的猫教育论，引得大家都笑了。

次晨妹说即须回去，约定过几天再来久留几日，临走的时候还说：

"昨晚上老鼠真吵得厉害，下次来时，替你们把猫捉来罢。"

妹去后，全家多了一个猫的话题。最性急的自然是小孩，他们常问"姑妈几时来",其实都是为猫而问。我虽每回回答他们:"自然会来的,性急甚么?"而心里也对于那与我家一系有二十多年历史的猫,怀着迫切的期待,巴不得妹——猫快来。

妹的第二次来,在一个月以后,带来的只是赠送小孩的果物和若干种的花草苗种,并未有猫。说前几天才出生,要一个月后方可离母。此次生了三只,一只是金银嵌的,其余两只是黑白花和狸斑花的,讨的人家很多,已替我们把金银嵌的留定了。

猫的被送来已是妹第二次回去后半月光景的事,那时已过端午,我从学校回去,一进门,妻就和我说:

"妹妹今天差人把猫送来了,她有一封信在这里。说从回去以后就有些不适。大约是寒热,不要紧的。"

我从妻手里接了信草草一看,同时就向室中四望:

"猫呢?"

"她们在弄它,阿吉阿满,你们把猫抱来给爸爸看!"

立刻,柔弱的"尼亚尼亚"声从房中听得,阿满抱出猫来:

"会念佛的,一到就蹲在床下,妈说它是新娘子呢。"

我熟视着女儿手中的小猫说:

"还小呢,别去捉它,放在地上。过几天会熟的。当心碰见狗!"

阿满将猫放下。猫把背一耸就跟跄地向房里遁去。接着就从房内发出柔弱的"尼亚尼亚"的叫声。

"去看看它躲在甚么地方。"阿吉和阿满蹑了脚进房去。

"不要去捉它啊!"妻从后叮嘱她们。

猫确是金银嵌,虽然产毛未退,黄白还未十分夺目,尽足

依约地唤起从前老四房里小伴侣的印象。"尼亚尼亚"的叫声和"咪咪"的呼唤声,在一家中起了新气氛。在我心中却成了一个联想过去的媒介,想到儿时的趣味,想到家况未中落时的光景。

与猫同来的,总以为不成问题的妹的病消息,一二日后竟由沉重而至于危笃,终于因恶性疟疾引起了流产,遗下未足月的女孩而弃去这世界了。

一家人参与丧事完毕从丧家回来,一进门就听到"尼亚尼亚"的猫声。

"这猫真不利,它是首先来报妹妹的死信的!"妻见了猫叹息着说。

猫正在檐前伸了小足爬搔着柱子,突然见我们来,就跟跄逃去。阿满赶到厨下把它捉来了,捧在手里:

"你还要逃,都是你不好!妈!快打!"

"畜牲晓得甚么?唉,真不利!"妻呆呆地望着猫这样说,忘记了自己的矛盾,倒弄得阿满把猫捧在手里瞠目茫然了。

"把它关在伙食间里,别放它出来!"我一壁说一壁懒懒地走入卧室睡去。我实在已怕看这猫了。

立时从伙食间里发出"尼亚尼亚"的悲鸣声和嘈杂的搔爬声来。努力想睡,总是睡不着。原想起来把猫重新放出,终于无心动弹,连向那就在房外的妻女叫一声"把猫放出"的心绪也没有,只让自己听着那连续的猫声,一味沉浸在悲哀里。

从此以后,这小小的猫在全家成了一个联想死者的媒介,特别地在我,这猫所暗示的新的悲哀的创伤,是用了家道中落等类的怅惘包裹着的。

伤逝的悲怀随着暑气一天一天地淡去，猫也一天一天地长大。从前被全家所咀咒的这不幸的猫，这时渐被全家宠爱珍惜起来了，当作了死者的纪念物。每餐给它吃鱼，归阿满饲它，晚上抱进房里，防恐被人偷了或是被野狗咬伤。

　　白玉也似的毛地上，黄黑斑错落非常明显，蹲在草地上或跳掷在凤仙花丛里的时候，望去真是美丽。每当附近四邻或路过的人见了称赞说"好猫"的时候，妻脸上就现出一种莫可言说的矜夸，好像是养着一个好儿子或是好女儿。特别地是阿满：

　　"这是我家的猫，是姑母送来的。姑母死了，只剩了这只猫了！"她每当有人称赞猫的时候，不管那人陌生与不陌生，总会睁圆了眼起劲地对他说明这些。

　　猫做了一家的宠儿了，每餐食桌旁总有它的位置，偶然偷了食或是乱撒了屎，虽然依妹的教育法是要就地罚打的，妻也总看妹面上宽恕过去。阿吉阿满一从学校里回来就用了带子逗它玩，或是捉迷藏似地在庭间追赶它。我也常于初秋的夕阳中坐在檐下对了这跳掷着的小动物作种种的遐想。

　　那是快近中秋的一个晚上的事：湖上邻居的几位朋友，晚饭后散步到了我家里，大家在月下闲话，阿满和猫在草地上追逐着玩。客去后，我和妻搬进几椅正要关门就寝，妻照例记起猫来：

　　"咪咪！"

　　"咪咪！"阿吉阿满也跟着唤。

　　可是却不听到猫的"尼亚尼亚"的回答。

　　"没有呢！那里去了？阿满，不是你提出来的吗？去寻来！"妻着急起来了。

"刚刚在天井里的。"阿满瞠了眼含糊地回答，一壁哭了起来。

"还哭！都是你不好！夜了还捉出来做甚么呢？——咪咪！咪咪！"妻一壁责骂阿满，一壁嗄了声再唤。

"咪咪！咪咪！"我也不禁附和着唤。

可是仍不听到猫的"尼亚尼亚"的回答。

叫小孩睡好了，重新找寻，室内室外，东邻西舍，到处分头寻遍，那有猫的影儿？连方才谈天的几位朋友都过来帮着在月光下寻觅，也终于不见形影。一直闹到十二点多钟，月亮已照屋角为止。

"夜深了，把窗门暂时开着，等它自己回来吧！偷是没人偷的，要末被狗咬死了？但却不听见它叫。也许不至于此，今夜且让它去罢。"

我宽慰着妻，关了大门，先入卧室去。在枕上还听到妻的"咪咪"的呼声。

猫终于不回来。从次日起，一家好像失了甚么似地，都觉到说不出的寂寥。小孩放学回来也不如平日的高兴。特别地在我，于妻女所感得的以外，顿然失却了沉思过去种种悲欢往事的媒介物，觉得寂寥更甚。

第三日傍晚，我因寂寥不过了，独自在屋后山边散步，忽然在山脚田坑中发现猫的尸体。全身粘着水泥，软软地倒在坑里，毛贴着肉，身躯细了好些，项有血迹，似确是被狗或者野兽咬毙了的。

"猫在这里！"我不觉自叫了说。

"在那里？"妻和女孩先后跑来，见了猫都呆呆地，几乎一时说不出话。

"可怜！一定是野狗咬死的。阿满，都是你不好！前晚你不捉它出来，那里会死呢？下世去要成冤家啊！——唉！妹妹死了，连妹妹给我们的猫也死了。"妻说时声音呜咽了。

阿满哭了，阿吉也呆着不动。

"进去罢，死了也就算了，人都要死哩，别说猫！快叫人来把它葬了。"我催她们离开。

妻和女孩进去了。我向猫作了最后的一瞥，在昏黄中独自徘徊。日来已失了联想媒介的无数往事，都回光返照似的一时强烈地齐现到心上来。

（原刊于1926年10月《一般》第2号）

春晖的使命

啊！春晖啊！今日又是你的诞辰了！你堕地不过一年零几个月，若照人的成长比拟起来，正是才能匍匐学步的时期，你现在正跨着你的第一步，此后行万里路，都由这一步起始。你第一步的走相，只要不是厌嫉你的人们，都说还不错。但是第一步总究是第一步，怯弱的难免，即在爱你的人，也是不能讳言的。

怯弱倒不要紧，方向却错不得！你须知道，你有你从生带来的使命！你的能否履行你的使命，就是你的运命决定的所在。你的运命，要你自己创造！

你的使命，是你随生带来的，自己总应明瞭。我们为催促你和为你向大众布告起见，特于今日大声呼说，一面也当作对于你的祝福，但愿你将来是这样：

你是生在乡间的，乡村运动，不是你本地风光的责任吗？别的且不讲，你可晓得你附近有多少不识字的乡民？你须省下别的用途，设法经营国民小学、半日学校等机关，至少先使闻得你钟声的地方，没有一个不识字的人，才是真的，至于你现在着手的农民夜校，比起来那只可说是你的小玩意儿，算不得甚么的。

你是一个私立的，不比官立的凡事多窒碍。当现在首都及别省官立学校穷得关门，本省官立中等学校有的为了争竞位置，风潮叠起，丑秽得不可向迩的时候，竖了真正的旗帜，振起纯正的教育，不是你所应该做的事吗？

你生也晚，正当学制改革之时。在新制之下，单纯的初级中学，办理上很是困难的。你现在第一步虽只办初级中学，但总须设法加办高级中学，酌量地方情形，加设文科、理科及农科、师范科等类的职业科。这条血路，你不是应该拼了命杀出的吗？

你已男女同学了，这是本省中等学校的第一声，也是你冒了社会的忌讳敢行的一件好事。你应如何好好地保持这纤弱的萌芽，使它发达？又，现在女子教育，事实上比男子教育待改良研究的地方更多。你在开始的时候，应如何改变方向，求于女子教育有所贡献？

你生在山重水复的白马湖，你的环境，每引起人们的羡慕。但这种环境，不小心，就会影响你的精神。使你一方面有清洁幽美的长处，一方面染蒙滞昏懒的坏习的！你不应该常自顾着，使没有这种毛病的吗？

你无门无墙，组织是同志集合的。你要做的事情既那样多而且杂，同志集合，实是最要紧的条件。你不该从此多方接引同志，使你的同志结合在质上更纯粹，在量上更丰富吗？于现在有少数的校董、教员以外，再组织维持员等类的事，你不应该开了"无门的门"，尽力地做吗？

你的财产原不能算多，但也算不得没有。你不多不少的财产，也许反容易使你进退维谷。但你须知道，真正的教育事业，根本是靠你同志们的辛苦艰难的牺牲精神，光靠你的财产是没有甚么用的。世间没有一个钱的基金，以精神结合遂能在教育上

飞跃的学校多着；有了好好的基础，而因精神涣散、奄奄无生气的学校也多着哩！以精神的能力，打破物质上的困难，并非一定是不可能的事，而在你更是非做到这地步不可的。你该怎样地用了坚诚的信念，设法培养这精神，使你自己在这精神之下，发荣滋长？

春晖啊！你于别的学校所有的一切使命外，同时还有着这许多特有的使命。这于你或许要感受若干特有的困难，但决不是你的不幸。前途很远！此去珍重！啊，啊，春晖啊！

一九二三年十二月二日

我的中学时代

中学时代,在年龄上是指十三四岁到十八九岁的一段。我今年四十六岁,我的中学时代已是三十年以前的事了。那时正是由科举过渡到学校的当儿,学校未兴,私塾是唯一的学校。我自幼也从塾师读经书、学八股、考秀才,后来且考过举人。到科举全废的前两三年,然后改进学校,可是未曾在甚么学校里毕过业,未曾得过卒业文凭。

我上代是经商的,父亲却是个秀才。在十岁以前,祖父的事业未倒,家境很不坏,兄弟五人中据说我在八字上可以读书,于是祖父与父亲都期望我将来中举人、点翰林,光大门楣,不预备叫我去学生意。在我家坐馆的先生也另眼相看,我所读的功课是和我的兄弟们不同的。他们读毕四书,就读些《幼学琼林》和尺牍书类,而我却非读《左传》《诗经》《礼记》等等不可。他们不必做八股文,而我却非做八股文不可。因为我是要预备将来做读书人的。

十六岁那年我考得了秀才,不久八股即废,改"以策论取士"。八股在戊戌政变时曾废过,不数月即恢复,至是时乃真废了。这改革使全国的读书人大起恐慌。当时的读书人大都是一味靠八股吃饭的,他们平日朝夕所读的是八股,案头所列的是闱墨

或试帖诗，经史向不研究，"时务"更所茫然。我虽八股的积习未深，不曾感到很大的不平，但要从师也无师可从，只是把《大题文府》等类搁起，换些《东来博议》《读通鉴论》《古文观止》之类的东西来读，把白折纸废去，临摹碑帖，再把当时唯一的算术书《笔算数学》买来自修而已。

那时我家里的情况已大不如从前了。最初是祖父的事业失败，不久祖父即去世。父亲是少爷出身，舒服惯了的。兄弟们为家境所迫，都托亲友介绍，提早作商店学徒去了。五间三进的宽大而贫乏的家里，除了母亲和一个嫂子，就剩了父子两个老小秀才。父亲的书箱里，八股文以外有一部《史记》、一部《前汉后书》、一部《韩昌黎集》、一部《唐诗三百首》、一部《通鉴纲目》、一部《文选》、一部《聊斋志异》、一部《红楼梦》、一部《西厢记》、一部《经策通纂》、一部《皇清经解》，还有几种唐人的碑帖与《桐荫论画》等论书画的东西。父子把这些书作长日的消遣，父亲爱写字、种花、整洁居室，室里干净清静得如庵院一般。这样地过了约莫一年。

亲戚中从上海回来的，都来劝读外国书（即现在的所谓进学校）。当时内地无学校，要读外国书只有到上海。据说上海最有名的是梵王渡（即现在的圣约翰大学），如果在那里毕业，包定有饭吃。父母也觉得科举快将全废，长此下去究不是事，于是就叫我到上海去读外国书。当时读外国书的地方并不多，外国人立的只有梵王渡、震旦与中西书院，中国人立的只有南洋公学。我是去读外国书的，当然要进外国人的学校。震旦是读法文的，梵王渡据说程度较高，要读过几年英文才能进去，中西书院（即现在东吴大学的前身）入学比较容易些，我于是就进中西书院。

那时生活程度还很低，可是学费却已并不便宜，中西书院每半年记得要缴费四十八元。家中境况已甚拮据，我的第一次半年的学费还是母亲把首饰变卖了给我的。我与便友同伴到了上海，由大哥送我入中西书院。那时我年十七。

中西书院分为六年（？）毕业，初等科三年，高等科三年，此外还有特科若干年。我当然进初等科，那时功课不限定年级，是依学生的程度定的。英文是甲班的，算学如果有些根底就可入乙班，国文好的可以入丙班。我英文初读，入甲班，最初读的是《华英初阶》；算学乙班，读《笔算数学》；国文，甲班；其余各科也参差不齐，记不清楚了。各种学科中，最被人看不起的是国文，上课与否可以随便，最注重的是英文。时间表很简单，每日上午全读英文，下午第一时板定是算学，其余各科则配搭在数学以后。监院（即校长）是美国人潘慎文，教习有史拜言、谢鸿赉等。同学一百多人，大多数是包车接送的富者之子，间有贫寒子弟，则系基督教徒，受有教会补助，读书不用花钱的。我的同学中很有许多现今知名之士。记得名律师丁榕、经济大家马寅初，都是我的先辈的同学。

中西书院门禁森严，除通学生外，非得保证人来信不能出大门一步，并且星期日不能告假（因为要做礼拜），情形几等于现在的旧式女学校。告假限在星期六下午。我的保证人是我的大哥，他在商店做事，每月只来带我出去一次，有时他自己有事，也就不来领我。我在那里几乎等于笼鸟，尤其是礼拜日，逃不掉做礼拜，觉得很苦。

礼拜真正多极。每日上课前要做礼拜，星期三晚上要做礼拜，星期日早晨要做礼拜，晚上又要做礼拜。每次礼拜有舍监来各房间查察，非去不可。每日早晨的礼拜约须三十分钟，其余的都要费一小时以上，唱赞美歌、祷告、讲经，厌倦非凡。这种麻烦，如果叫现今每周只做一次纪念周犹嫌费事的学生诸君去尝，不知能否忍耐呢。

读了一学期，学费无法继续，于是只好仍旧在家里，用《华英进阶》、《华英字典》（这是中国第一部英文字典，商务出版）、《代数备旨》等书自修。另外再作些策论《四书义》，请邑中的老先生评阅。秋间再去考乡试，举人当然无望，却从临时书肆（当时平日书店很少，一至考试时，试院附近临时书店如林）买了严译《原富》《天演论》等书回来，莫名其妙地翻阅。又因排满之呼声已起，我也向朋友那里借了《新民丛报》等来看，由是对于明末清初的故事与文章很有兴味，《明季稗史》《明夷待访录》《吴梅村集》《虞初新志》等书，都是我所耽读的。

十八岁那年，因了一位朋友的劝告，同到绍兴府学堂（即现在浙江第五中学的前身）入学。在那一二年中，内地学堂已成立了不少。当时办学概依《奏定学堂章程》，学制很划一。县有县学堂，性质为现在的高小程度，府学堂则相当于现在的中学，省学堂相当于大学预科，京师大学堂即现在的所谓大学了。学堂的成立，并无一定顺序，我们绍兴是先有中学，后有小学的。府学堂不收学费，宿费更不须出，饭费只每月二元光景。并且学校由书院改设，书院制尚未全除，月考成绩若优，还有一元乃至几毛钱的"膏火"可得（膏火是书院时代的奖金名称，意思是灯油费）。读书不但可以不花钱，而且弄得好还有零用可获得的。

府学堂的科目记得为伦理、经学、国文、英文、史学、舆地、算学、格致（即现在的理化博物）、体操、测绘（用器画舆地图），功课亦依程度编级，一如中西书院的办法。我因英文已有半年每日三点钟及在家自修的成绩，居然大出风头，被排在程度顶高的一级里，算学与国文的班次也不低。同学之中年龄老大的很多，班级皆低于我，我于是颇受师友的青眼。

国文是一位王先生教的，选读《皇朝经世文编》，作文题是《范文正公为秀才时便以天下为己任》《士先器识而后文艺》之类。经学是徐先生（即刺恩铭的徐锡麟烈士）担任的，他叫我们读《公羊传》，上课时大发挥其微言大义。测绘也由这位徐先生担任。体操教师是一位日本人。他不会讲中国话，口令是用日本语的，故于最初就由他教我们几句体操用的日本语，如"立正""向前"之类。伦理教师最奇特，他姓朱，是绍兴有名的理学家，有长长的须髯，走路踱方步，写字仿朱子。他教我们学"洒扫应对""居敬存诚"，还教我们舞佾，拿了鸡尾似的劳什子作种种把戏。据他的主张，上课时书应端执在右手，不应挟在腋下，上班退班都须依照长幼之序"鱼贯而行"，不应作鸟兽散，见先生须作揖，表示敬意。我们虽不以为然，却不去加以攻击，只依老古董相待罢了。

当时青年界激昂慷慨，充满着蓬勃的朝气，似乎都对于中国怀着相当的期待，不像现在的消沉幻灭。庚子事件经过不久，又当日俄战争，风云恶劣，大家都把一切罪恶归诸满人，以为只要

把满人推倒,国事就有希望了。《新民丛报》《浙江潮》等杂志大受青年界的欢迎,报纸上的社论也大被注意阅读。那时恋爱尚未成为青年间的问题,出路的关心也不如现在的急切(因为读书人本来不大讲究出路),三四朋友聚谈,动辄就把话题移到革命上去,而所谓革命者,内容就只是排满,并没有现在的复杂。见了留学生从日本回来没有辫子,恨不得也去留学,可以把辫子剪去(当时普通人是不许剪辫子的)。见了花翎颜色顶子的官吏,就暗中憎恶,以为这是奴隶的装束。卢梭、罗兰夫人、马志尼等,都因了《新民丛报》的介绍,在我们的心胸里成了令人神往的理想人物。罗兰夫人的"自由,自由!天下几多罪恶假汝之名以行!"已成了摇笔即来的文章的套语了。

我在这样的空气中过了半年中学生活,第二学期又辍学了。这次辍学并非由于拿不出学费,乃是为了要代替父亲坐馆。父亲在一年来已在家授徒了,一则因邻近有许多小孩子要请人教书,二则父亲嫌家里房屋太大,住了太寂寞,于是在家里设起书塾来,来读的是几个族里与邻家的小孩。中途忽然有一位朋友要找父亲去替他帮忙,为了友谊与家计,都非去不可。书馆是不能中途解散的,家里又无男子,很不放心,于是就叫我辍学代庖。功课当然是我所教得来的。学生不多,时间很有余暇,于是一壁教书,一壁仍行自修。家里人颇思叫我永继父职,就长此教书下去,本乡小学校新立,也邀我去充教习,但我总觉得于心不甘。

恰好有一个亲戚的长辈从日本留学法政回来,说日本如何如何地好,求学如何如何地便利。我对于日本留学梦想已久了,听了他的话,心乃愈动。父母并不大反对,只是经费无着,乃遍访亲友借贷，很费力地集了五百元，冒险赴日。

当时赴日留学成为一种风气。东京有一个宏文学院，就是专为中国留学生办的，普通科二年毕业，除教日语外，兼教中学课程。凡想进专门以上的学校的，大概都在那里预备。我因学费不足两年的用度，乃于最初数月请一日本人专教日文，中途插入宏文学院普通科去。总算我的自修有效，英算各科居然尚能衔接赶上。在那里将毕业的前二三月，东京高等工业学校招考了，我不待毕业就去跨考，结果幸而被录取。当时规定，入了官立专门学校就有官费的，而浙江因人多不能照办。我入高工后快将一年，就领不到官费，家中已为我负债不少，结果乃又不得不中途辍学回国，谋职糊口。我的中学时代就此结束了，那年我二十一岁。

总计我的中学时代，经过许多的周折，东补西凑，断续不成片断。我为了修得区区的中学课程，曾经过不少磨难，空费过长期的光阴。这种困苦的经验，当时不但我个人有过，实可谓是一般的情形。现在的中学生在这点上真是羡艳，真是幸福。

（原刊于1931年6月《中学生》第16号）

我之于书

二十年来，我生活费中至少十分之一二是消耗在书上的。我的房子里比较贵重的东西就是书。

我一向没有对于任何问题作高深研究的野心，因之所买的书范围较广，宗教、艺术、文学、社会、哲学、历史、生物，各方面差不多都有一点。最多的是各国文学名著的译本与本国古来的诗文集，别的门类只是些概论等类的入门书而已。

我不喜欢向别人或图书馆借书。借来的书，在我好像过不来瘾似的，必要是自己买的才满足。这也可谓是一种占有的欲望。买到了几册新书，一册一册地加盖藏书印记，我最感到快悦的是这时候。

书籍到了我的手里，我的习惯是先看序文，次看目录。页数不多的往往立刻通读，篇幅大的，只把正文任择一二章节略加翻阅，就插在书架上。除小说外，我少有全体读完的大部的书，只凭了购入当时的记忆，知道某册书是何种性质，其中大概有些甚么可取的材料而已。甚么书在甚么时候再去读再去翻，连我自己也无把握，完全要看一个时期一个时期的兴趣。关于这事，我常自比为古时的皇帝，而把插在架上的书譬诸列屋而居的宫女。

我虽爱买书，而对于书却不甚爱惜。读书的时候。常在书上把我所认为要紧的处所标出。线装书大概用笔加圈，洋装书竟用红铅笔划粗粗的线。经我看过的书，统体干净的很少。

据说，任何爱吃糖果的人，只要叫他到糖果铺中去做事，见了糖果就会生厌。自我入书店以后，对于书的贪念也已消除了不少了，可是仍不免要故态复萌，想买这种，想买那种。这大概因为糖果要用嘴去吃，摆存毫无意义，而书则可以买了不看，任其只管插在架上的缘故吧。

（原刊于1933年11月《中学生》第39号）

白马湖之冬

在我过去四十余年的生涯中，冬的情味尝得最深刻的，要算十年前初移居白马湖的时候了。十年以来，白马湖已成了一个小村落，当我移居的时候，还是一片荒野。春晖中学的新建筑巍然矗立于湖的那一面，湖的这一面的山脚下是小小的几间新平屋，住着我和刘君心如两家。此外两三里内没有人烟。一家人于阴历十一月下旬从热闹的杭州移居这荒凉的山野，宛如投身于极带中。

那里的风，差不多日日有的，呼呼作响，好像虎吼。屋宇虽系新建，构造却极粗率，风从门窗隙缝中来，分外尖削，把门缝窗隙厚厚地用纸糊了，椽缝中却仍有透入。风刮得厉害的时候，天未夜就把大门关上，全家吃毕夜饭即睡入被窝里，静听寒风的怒号、湖水的澎湃。靠山的小后轩，算是我的书斋，在全屋子中风最少的一间，我常把头上的罗宋帽拉得低低地，在洋灯下工作至夜深。松涛如吼，霜月当窗，饥鼠吱吱在承尘上奔窜。我于这种时候深感到萧瑟的诗趣，常独自拨划着炉灰，不肯就睡，把自己拟诸山水画中的人物，作种种幽邈的遐想。

现在白马湖到处都是树木了，当时尚一株树木都未种。月亮与太阳都是整个儿的，从上山起直照到下山为止。太阳好的时候，只要不刮风，那真和暖得不像冬天。一家人都坐在庭间曝日，甚至于吃午饭也在屋外，像夏天的晚饭一样。日光晒到那里，就把椅凳移到那里，忽然寒风来了，只好逃难似地各自带了椅凳逃入室中，急急把门关上。在平常的日子，风来大概在下午快要傍晚的时候，半夜即息。至于大风寒，那是整日夜狂吼，要二三日才止的。最严寒的几天，泥地看去惨白如水门汀，山色冻得发紫而黯，湖波泛深蓝色。

下雪原是我所不憎厌的，下雪的日子，室内分外明亮，晚上差不多不用燃灯。远山积雪足供半个月的观看，举头即可从窗中望见。可是究竟是南方，每冬下雪不过一二次。我在那里所日常领略的冬的情味，几乎都从风来。白马湖的所以多风，可以说有着地理上的原因。那里环湖都是山，而北首却有一个半里阔的空隙，好似故意张了袋口欢迎风来的样子。白马湖的山水和普通的风景地相差不远，唯有风却与别的地方不同。风的多和大，凡是到过那里的人都知道的。风在冬季的感觉中，自古占着重要的因素，而白马湖的风尤其特别。

现在，一家僦居上海多日了，偶然于夜深人静时听到风声，大家就要提起白马湖来，说"白马湖不知今夜又刮得怎样厉害哩！"。

（原刊于1933年12月《中学生》第44号）

紧张气氛的回忆

前后约二十年的中学教师生活中，回忆起来自己觉得最像教师生活的，要算在××省×校担任舍监，和学生晨夕相共约七八年，尤其是最初的一二年。至于其余只任教课或在几校兼课的几年，跑来跑去简直松懈得近于帮闲。

我的最初担任舍监是自告奋勇的，其时是民国元年。那时学校习惯把人员截然划分为教员与职员两种，教书的是教员，管事务的是职员，教员只管自己教书，管理学生被认为是职员的责任。饭厅闹翻了，或是寄宿舍里出了甚么乱子了，做教员的即使看见了，照例可"顾而之他"或袖手旁观，把责任委诸职员身上。而所谓职员者又有在事务所的与在寄宿舍的之分，各不相关。舍监一职，待遇甚低，其地位力量易为学生所轻视。狡黠的学生竟胆敢和舍监先生开玩笑，有时用粉笔在他的马褂上偷偷地画乌龟，或乘其不意把草圈套在他的瓜皮帽结子上。至于被学生赶跑，是不足为奇的。舍监在当时是一个屈辱的位置，做舍监的怕学生，对学生要讲感情。只要大家说"×先生和学生感情很好"，这就是漂亮的舍监。

有一次，×校舍监因为受不过学生的气，向校长辞职了，一时找不到相当的替人。我在×校教书，颇不满于这种情形，遂向校长自荐，去兼充了这个屈辱的职位。这职位的月薪记得当时是三十元。

我有一个朋友在第×中学做教员，因在风潮中被学生打了一记耳光，辞职后就抑郁病死了。我任舍监和这事的发生没有多日，心情激昂得很，以为真正要作教育事业须不怕打，或者竟须拼死，所以就职之初就抱定了硬干的决心：非校长免职或自觉不能胜任时决不走，不怕挨打，凡事讲合理与否，不讲感情。

×校有学生四百多人，其中年龄最大的和我相去只几岁。我在×校虽担任功课有年，实际只教一二班，差不多有十分之七八是不相识的。当时轻视舍监已成了风气，我新充舍监，最初曾受到种种的试炼。因为我是抱了不顾一切的决心去的，甚么都不计较，凡事皆用坦率强硬的态度去对付，决不迁就。在饭厅中，如有学生远远地发出"嘘嘘"的鼓动风潮的暗号，我就立在凳子上去注视发"嘘嘘"之声的是谁？饭厅风潮要发动了，我就对学生说："你们试闹吧，我不怕。看你们闹出甚么来。"人丛中有人喊"打"了，我就大胆地回答说："我不怕打，你来打吧。"学生无故请假外出，我必死不答应，宁愿与之争论一二小时才止。每晨起床铃一摇，我就到斋舍里去视察，如有睡着未起者，一一叫起。夜间在规定的自修时间内，如有人在喧扰，就去干涉制止，熄灯以后见有私点洋烛者，立刻赶进去把洋烛没收。我不记学生的过，有事不去告诉校长，只是自己用一张嘴和一副神情去直接应付。每日起得甚早，睡得甚迟，最初几天向教务处取了全体学生的相片来，一叠叠地摆在案上，像打扑克或认方块字似的一一翻动，以期认识学生的面貌名字及其年龄籍贯学历等等。

夏丏尊
自述

我在那时颇努力于自己的修养，读教育的论著，翻宋元明的性理书类，又搜集了许多关于青年的研究的东西来读。非星期日不出校门，除在教室授课的时间外，全部埋身于自己读书与对付学生之中。自己俨然以教育界的志士自期，而学生之间却与我以各种各样的绰号，据我所知道的，先后有"阎罗""鬼王""戆大""木瓜"几个，此外也许还有更不好听的，可是我不知道了。

我做舍监原是预备去挨打与拼命的，结果却并未遇到甚么，一连做了七八年。到后来甚么都很顺手，差不多可以"无为卧治"了。事隔多年，新就职时那种紧张的气氛，至今回忆起来还能大概在心中复现。遇到老学生们也常会大家谈起当时的旧事来，相对共笑。

（原刊于1934年2月《中学生》第42号）

春的欢悦与感伤

四季之中，向推"春秋多佳日"，而春尤为人所礼赞。自古就有许多颂扬春的话，春未到先要迎盼，春一去不免依恋。春继冬而至，使人从严寒转入温暖，且为万物萌动的季节。在原始时代，人类的活动与食物都从春开始获得，男女配偶也都在春完成。就自然状态说，春确是值得欢迎的。

可是自然与人事并不一定调和，自古文辞中于"惜春""迎春"等类题材以外，还有"伤春""春怨"等类的题目。"闺中少妇不知愁，春日凝妆上翠楼。忽见陌阳杨柳色，悔教夫婿觅封侯"，这是唐人王昌龄的诗；"三分春色二分愁，更一分风雨"，这是宋人叶清臣的词：都是写春的感伤的。其感伤的原因，全在人事之不如意，社会愈复杂，人事上的不如意越多，结果对于季节的欢悦的事情减少，感伤的事情加多。这情形正像贫家小孩盼新年快到，而做父母的因债务关系想到过年就害怕。

我每年也曾无意识地以传统的情怀，从冬天盼望春光早些来到。可是真从春天得到春的欢悦的，有生以来，除未经世故的儿时外，可以说并没有几次。譬如说吧，此刻正是三月十三日的夜半，真是所谓春宵了，我却不曾感到春宵的欢喜。一家之中轮番地患着春季特有的流行性感冒，我在灯下执笔写字，差不多每隔

夏丏尊
自述

一二分钟要听到妻女们的呻吟和干咳一次。邻家收音机和麻雀牌的喧扰声阵阵地刺入我的耳朵，尤使我头痛。至于日来受到的事务上经济上的烦闷，且不去说它。

都市中没有"燕子"，也没有"垂杨"。局促在都市中的人，是难得见到春日的景物的。前几天吃到油菜心和马兰头的时候，我不禁起了怀乡之念，想起故乡的春日的光景来。我所想的只是故乡的自然界，园中菜花已发黄金色了吧，燕子已回来了吧，窗前的老梅已结子如豆了吧，杜鹃已红遍了屋后的山上了吧……只想着这些，怕去想到人事。因为乡村的凋敝我是知道的，故乡人们的困苦情形我知道得更详细。

宋人张演《社日村居》诗云："鹅湖山下稻粱肥，豚栅鸡栖对掩扉，桑柘影斜春社散，家家扶得醉人归。"这首诗中所写的只是乡村春景的一角，原没有甚么大了不得，可是和现在的乡间情形比较起来，已好像是羲皇以前的事了。

春到人间，据日历上所记已好久了，但是春在那里呢？有人说"在杨柳梢头"，又有人说"在油菜花间"，也许是的吧，至于我们一般人的身上，是不大有人能找得到的。

（原刊于1934年4月《中学生》第44号）

中年人的寂寞

我已是一个中年的人。一到中年，就有许多不愉快的现象，眼睛昏花了，记忆力减退了，头发开始秃脱而且变白了，意兴、体力，甚么都不如年青的时候，常不禁会感觉到难以名言的寂寞的情味。尤其觉得难堪的是知友的逐渐减少和疏远，缺乏交际上的温暖的慰藉。

不消说，相识的人数是随了年龄增加的，一个人年龄越大，走过的地方、当过的职务越多，相识的人理该越增加了。可是相识的人并不就是朋友。我们和许多人相识，或是因为事务关系，或是因了偶然的机缘——如在别人请客的时候同席吃过饭之类。见面时点头或握手，有事时走访或通信，口头上彼此也称为"朋友"，笔头上有时或称"仁兄"，诸如此类，其实只是一种社交上的客套，和"顿首""百拜"同是仪式的虚伪。这种交际可以说是社交，和真正的友谊相差似乎很远。

真正的朋友，恐怕要算"总角之交"或"竹马之交"了。在小学和中学的时代容易结成真实的友谊，那时彼此尚不感到生活的压迫，入世未深。打算计较的念头也少，朋友结成全由于志趣相近或性情适合，差不多可以说是"无所为"的，性质比较地纯粹。二十岁以后结成的友谊，大概已不免搀有各种各样的颜色

分子在内；至于三十岁四十岁以后的朋友中间，颜色分子愈多，友谊的真实成分也就不免因而愈少了。这并不一定是"人心不古"，实可以说是人生的悲剧。人到了成年以后，彼此都有生活的重担须负，入世既深，顾忌的方面也自然加多起来，在交际上不许你不计较，不许你不打算，结果彼此都"钩心斗角"，像七巧板似地只选定了某一方面和对方去接合。这样的接合当然是很不坚固的，尤其是现代这样甚么都到了尖锐化的时代。

在我自己的交游中，最值得系念的老是一些少年时代以来的朋友。这些朋友本来数目就不多，有些住在远地，连相会的机会也不可多得。他们有的年龄大过了我，有的小我几岁，都是中年以上的人了，平日各人所走的方向不同。思想趣味、境遇也都不免互异，大家晤谈起来，也常会遇到说不出的隔膜的情形。如大家话旧，旧事是彼此共喻的，而且大半都是少年时代的事，"旧游如梦"，把梦也似的过去的少年时代重提，因谈话的进行，同时会联想起许多当时的事情，许多当时的人的面影，这时好像自己仍回归到少年时代去了。我常在这种时候感到一种快乐，同时也感到一种伤感，那情形好比老妇人突然在抽屉里或箱子里发见了她盛年时的影片。

逢到和旧友谈话，就不知不觉地把话题转到旧事上去，这是我的习惯。我在这上面无意识地会感到一种温暖的慰藉。可是这些旧友一年比一年减少了，本来只是屈指可数的几个，少去一个是无法弥补的。我每当听到一个旧友死去的消息，总要惆怅多时。

学校教育给我们的好处不但只是灌输知识，最大的好处恐怕还在给与我们求友的机会上。这好处我到了离学校以后才知道，这几年来更确切地体会到，深悔当时毫不自觉，马马虎虎地过去了。近来每日早晚在路上见到两两三三的携着书包，携了手或挽了肩膀走着的青年学生，我总艳羡他们有朋友之乐，暗暗地要在心中替他们祝福。

（原刊于1934年11月《中学生》第49号）

两个家

"呀,你几时出来的?夫人和孩子们也都来了吗?前星期我打电话到公司去找你,才知道你因老太太的病,忽然变卦,又赶回去了,隔了一日,就接到你寄来的报丧条子。你今年总算够受苦了,从五月初上你老太太生病起,匆匆地回去,匆匆地出来,据我知道的就有四五次。这样大旱的天气,而且又带了家眷和小孩,光只川费一项也就可观了吧。"

"唉,真是一言难尽!这回赶得着送老太太的终,几次奔波还算是有意义的。""现在老太太的后事,想大致舒齐了吧。"

"那里!到了乡间,就有乡间的排场,回神唎,二七唎,五七唎,七七唎,都非有举动不可。我想不举动,亲戚本家都不答应。这次头七出殡,间壁的二伯父就不以为然,说不该如是草草。家里事情正多哩,公司里好几次写快信来催,我只好把家眷留在家里,独自先来,隔几天再赶回去。"

"那末还要奔波好几趟呢。唉!像我们这样在故乡有老家的人,不好吃都市饭,最好是回去捏锄头。我们现在都有两个家,一个家在都市里,是亭子间或是客堂楼、厢房间,住着的是自己夫妇和男女。一个家在故乡,是几开间几进的房子,住着的是年老的祖父祖母、父母和未成年弟妹。因为家有两个的缘故,就有许多无谓的苦痛要受到。像你这回的奔波，就是其中之一啊。"

"奔波还是小事，我心里最不安的，是没有好好地尽过服侍的责任。老太太病了这几个月，我在她床边的日子合计起来不满一个星期。在公司里每日盼望家信，也何尝不刻刻把心放在她身上，可是于她有甚么用呢？"

"这就是家有两个的矛盾了。我们日常不知可因此发生多少的矛盾。譬如说，我和你是亲戚，照礼，老太太病了，我应该去探望，故了，应该去送殓送殡，可是我都无法去尽这种礼。又譬如说，上坟扫墓是我们中国的牢不可破的旧礼法，一个坟头如果每年没有子孙去祭扫，就连坟头要被人看不起的。我已有好几年不去扫墓了，去年也曾想去，终于因为离不开身，没有去成。我把家眷搬到都市里已十多年了，最初搬家的原因是因为没有饭吃，办事的地方没有屋住。当时我父母还在世，也赞同我把妻儿带在身边住，不过背后不免有'养儿子是假的'的叹息。我也曾屡次想接老父老母出来同居，一则因为都市里房价太贵，负担不起，而且都市的房子也不适宜于老年人居住；二则因为家里有许多房子和东西，也不好弃了不管，终于没有实行。迁延复迁延，过了几年，本来有子有孙的老父老母先后都在寂寞的乡居生活中故世了。你现在的情形，和我当日一样。"

"老太太在日，我每年总要带了妻儿回去一次。她见我们回去，就非常快乐，足见我们不在她身边的时候，是寂寞不快的。现在老太太死了，我越想越觉得难过。"

"像我们这种人，原不是孝子，即使想做孝子，也不能够。如果用了'晨昏定省''汤药亲尝'等等的形式规矩来责备，我

们都是犯了不孝之罪的。岂但孝呢，悌也无法实行。我常想，中国从前的一切习惯制度，都是农业社会的产物，我们生活在近代工商社会的人，要如法奉行是很困难的。大家以农为业，父母子女兄弟天天在一处过活，对父母可以晨昏定省，可以汤药亲尝，对兄弟可以出入必同行，对长者可以有事服其劳，扫墓不必化川资，向公司告假。如果是士大夫，那末有一定的年俸，父母死了还可以三年不做事，一心住在家里读礼守制。可是我们已经不能一一照做。一方面这种农业社会的习惯制度，还遗存着势力，如果不照做，别人可以责备，自己有时也觉得过不去。矛盾、苦痛，就从此发生了。"

"你说得对！我们现在有两个家，在都市里的家是工商社会性质的，在故乡的家是农业社会性质的。我在故乡的家还是新屋，是父亲去世前一年造的。父亲自己是个商人，我出了学校他又不叫我学种田，不知为甚么要花了许多钱在乡间造那末大的房子。如果当时造在都市里，那末就是小小的一二间也好，至少我可以和老太太住在一处，不必再住那样狭隘的客堂楼了。"

"我家里的房子是祖父造的，祖父也不曾种田——过去的事，有甚么可说的呢？现在不是还有许多人从都市里发了财，在故乡造大房子吗？由社会的矛盾而来的苦痛，是各方面都受到的，并非一方受了苦痛，一方会得甚么利益。你因觉得到对老太太未曾尽孝养之道，心里不安，老太太病中见了你因她的病几次奔波回去，心里也不会爽快吧。你住在都市中的客堂楼上嫌憎不舒服，而老太太死后，那所巨大的空房子恐怕也处置很困难吧。这都是社会的矛盾。我们生在这过渡时代，恰如处在夹墙之中，到处都免不掉要碰壁的。"

"老太太死后,我一时颇想把房子出卖。一则恐怕乡间没有人会承受,凡是买得起这样房子的人自己本有房子,而且也是空着在那里。一则对于上代也觉得过意不去,父亲造这房子颇费了心血,老太太才故世,我就把它卖了,似乎于心不忍。"

"这就是所谓矛盾了。要卖房子,没有人会买;想卖,又觉得于心不忍。这不是矛盾的是甚么?"

"那末你以为该怎么办?"

"我也不知道怎么办才好。你知道我自己也不会把故乡的房子卖去,我只说这是矛盾而已。感到这种矛盾的苦痛的人,恐不止你我吧。"

（原刊于1934年12月《中学生》第50号）

钢铁假山

案头有一座钢铁的假山，得之不费一钱，可是在我室内的器物里面，要算是最有重要意味的东西。

它的成为假山，原由于我的利用，本身只是一块粗糙的钢铁片，非但不是甚么"吉金乐石"片，说出来一定会叫人发指，是"一·二八"之役日人所掷的炸弹的裂块。

这已是三年前的事了。日军才退出，我到江湾立达学园去视察被害的实况，在满目凄怆的环境中徘徊了几小时，归途拾得这片钢铁回来。这种钢铁片，据说就是炸弹的裂块，有大有小，那时在立达学园附近触目皆是，我所拾的只是小小的一块，阔约六寸，高约三寸，厚约二寸，重约一斤。一面还大体保存着圆筒式的弧形，从弧线的圆度推测起来，原来的直径应有一尺光景，不知是多少磅重的炸弹了。另一面是破裂面，巉削凹凸，有些部分像峭壁，有些部分像危岩，锋棱锐利得同刀口一样。

江湾一带曾因战事炸毁过许多房子，炸杀过许多人。仅就立达学园一处说，校舍被毁的过半数，那次我去时瓦砾场上还见到未被收敛的死尸。这小小的一块炸弹裂片，当然参与过残暴的工作，和刽子手所用的刀一样，有着血腥气的。论到证据的性质，这确是"铁证"了。

我把这铁证放在案头上作种种的联想，因为锋棱又锐利摆不平稳，每一转动，桌上就起磨损的痕迹。最初就想配了架子当作假山来摆。继而觉得把惨痛的历史的证物，变装为骨董性的东西，是不应该的。古代传下来的骨董品中，有许多原是历史的遗迹，可是一经穿上了骨董的衣服，就减少了历史的刺激性，只当作骨董品被人玩耍了。

这块粗糙的钢铁，不久就被我从案头收起，藏在别处，忆起时才取出来看。新近搬家整理物件时被家人弃置在杂屑篓里，找寻了许久才发现。为永久保藏起见，颇费过些思量。摆在案头吧，不平稳，而且要擦伤桌面。藏在衣箱里吧，防铁锈沾惹坏衣服，并且拿取也不便。想来想去，还是去配了架子当作假山来摆在案头好。于是就托人到城隍庙一带红木铺去配架子。

现在，这块钢铁片已安放在小小的红木架上当作假山摆在我的案头了。时间经过三年之久，全体益满了黄褐色的铁锈，凹入处锈得更浓。碎裂的整块的，像沈石田的峭壁，细杂的一部分像黄子久的皴法，峰冈起伏的轮廓有些像倪云林。客人初见到这座假山，都称赞它有画意，问我从甚么地方获得。家里的人对它也重视起来，不会再投入杂屑篓里去了。

这块钢铁片现在总算已得到了一个处置和保存的方法了，可是同时却不幸地着上了一件骨董的衣裳，为减少骨董性显出历史性起见，我想写些文字上去，使它在人的眼中不仅是富有画意的假山。

写些甚么文字呢？诗歌或铭吗？我不愿在这严重的史迹上弄轻薄的文字游戏，宁愿老老实实地写几句记实的话。用甚么来写

呢？墨色在铁上是显不出的，照理该用血来写，必不得已，就用血色的朱漆吧。今天已是二十四年的一月十日了，再过十八日，就是今年的"一·二八"，我打算在"一·二八"那天来写。

（原刊于1935年2月《中学生》第52号）

试　炼

搬家到这里来以后，才知道附近有两所屠场。一所是大规模的西洋建筑，离我所住地方较远，据说所屠杀的大部分是牛。偶然经过那地方，除有时在近旁见到一车一车的血淋淋的牛肉或带毛的牛皮外，不听到甚么恶声，也不闻到甚么恶臭。还有一所是旧式的棚屋，所屠杀的大部分是猪。棚屋对河一条路是我出去回来常要经过的，白天看见一群群的猪被拷押着走过，闻着一股臭气，晚间听到凄惨的叫声。

我尚未戒肉食，平日吃牛肉，也吃猪肉，但见到血淋淋的整车的新从屠场运出来的牛体，听到一阵阵的猪的绝命时的惨叫，总觉得有些难当。牛肉车不是日日碰到的，有时远远地见到了就俯下了头管自己走路让它通过；至于猪的惨叫是所谓"夜半屠门声"，发作必在夜静人定以后。我日里有板定的工作，探访酬酢及私务处理都必在夜间，平均一星期有三四日不在家里吃夜饭，回家来往往要到十点至十一点模样。有时坐洋车，有时乘电车到附近下车再步行，总之都不免听到这夜半的屠门声。

在离那儿数十步的地方已隐隐听到猪叫了。同时有好几只猪在叫，突然来一个尖利的曳长的声音，这不消说是一只猪绝命了的表出。不多时继续地又是这么尖利的一声。我坐在洋车上不禁

要用手掩住耳朵，步行时总是疾速快走，但愿这声音快些离开我的听觉范围，不敢再去联想甚么，想像甚么。到了听不见声音的地方才把心放下，那情形宛如从恶梦里醒来一样。

为要避免这苦痛，我曾想减少夜间外出的次数，或到九点钟模样就回家来。可是事实常不许这样。尤其是废历年关的几天，我外出的机会更多了，屠场的屠杀也愈增加了，甚至于白天经过，也要听到悲惨的叫声。

"世界是这样，消极地逃避是不可能的。你方才不是吃了猪肉吗？那末为甚么听到了杀猪就如此害怕？古来有志的名人为了要锻炼胆力，曾有故意到刑场去看行刑的事。现在到处有天灾人祸，世界大战又危机日迫，你如果连杀猪都要害怕，将来到了流血成河、杀人盈野的时候怎样？要改革现社会，就得先有和现社会罪恶对面的勇气。你如果能把猪的绝命的叫声老实谛听，或实地去参观杀猪的情形，也许因此会发起真正的慈悲心来，废止肉食。假惺惺的行为，毕竟只是对自己的欺骗，不是好汉的气概！"有一天，在亲戚家里吃了年夜饭回来，我曾这样地在电车中自语。

下了电车，走近河边，照例就隐约地有猪叫声到耳朵里来了。棚屋小的灯光隔河望去特别地亮，还夹入着热蓬蓬的烟雾。我抱了方才的决心步行着故意去听，总觉得有些难耐。及接连听到那几声尖利的惨叫，不由自主地又把两耳掩住了。

（原刊于1935年3月《中学生》第53号）

一个追忆

这是四五年前的事。

钱塘江心忽然长起了一条长长的土埂,有三四里路阔。把江面划分为二。杭州与西兴之间,往来的人要摆两次渡,先渡到土埂,更走三四里路,或坐三四里路的黄包车,到土埂尽头,再上渡船到彼岸去。这情形继续了大半年,据说是百年来从未有过的奇观。

不会忘记:那是废历九月十八的一天,我从白马湖到上海来,因为杭州方面有点事情,就不走宁波,打杭州转。在曹娥到西兴的长途中,有许多人谈起钱塘江中的土埂,甚么"世界两样了,西湖搬进了城里,钱塘江有了两条了"咧,"据说长毛以前,江里也起过块,不过没有这样长久,怪不得现在世界又不太平"咧。我已有许久不渡钱塘江了,只是有趣味地听着。

到西兴江边已下午四时光景,果然望见江心有土埂突出在那里,还有许多行人和黄包车在跑动。下渡船后,忽然记得今天是九月十八,依照从前八月十八看潮的经验,下午四五时之间是有潮的。"如果不凑巧,在土埂上行走着的当儿碰见潮来,将怎样呢?"不觉暗自担心起来。旅客之中也有几个人提起潮的,大家相约:"看情形再说,如果潮要来了,就不上土埂,停在渡船

里，待潮过了再走。"

渡船到土埠时，几十个黄包车夫来兜生意，说："潮快来了，快坐车子去！"大部分的旅客都跳上了岸，方才相约慢走的几位也一个个地管自乘车去了。渡船中除我以外，只剩了二三个人。四五部黄包车向我们总攻击，他们打着萧山话，有的说"拉到渡船头尚来得及"，有的说："这几天即使有潮也是小小的。我们日日在这里，难道不晓得？"我和留着的几位结果也都身不由主地上了黄包车。

坐在黄包车上担心着遇见潮，恨不得快到前方的渡头。那里知道拉到一半路程的时候，前方的渡船已把跳板抽起要开行了。江心的设渡是临时的，只有渡船没有趸船。前方已没有船可乘，四边有人喊"潮要到了！"，不坐人的黄包车都在远远地向浅滩逃奔，土埠上只剩了我们三四部有人的车子，结果只有向后转，回到方才来的原渡船去。幸而那只渡船载着从杭州到西兴去的旅客，还未开行。

四周寂无人声，隆隆的潮声已听到了。车夫一面飞奔，一面喊："救命！"我们也喊："救命！""放下跳板来！"

逃上跳板的时候，潮头已望得见。船上的旅客们把跳板再放下一块，拼得阔阔的，协力将黄包车也拉了上来。潮头就到船下了，潮意外地大，船一高一低地颠簸得很凶，可是我在这瞬间却忘了波涛的险恶，深深地感到生命的欢喜和人间的同情。

潮过以后，船开到西兴去。我们这几个人好像学校落第生似的再从西兴重新渡到杭州。天已快晚，隐约中望得见隔江的灯火。潮水把土埠涨没，钱塘江已化零为整，船可直驶杭州渡头，不必再在江心坐黄包车了。船行到江心土埂的时候，我们困难之交中有一位走到船头，把篙子插到水里去看有多少深，谁知一篙子还不到底。

"险啊！如果浸在潮里，我们现在不知怎样了！"他放好篙子说，把舌头伸出得长长的。

"想不得了，还是不去想他好。"一个患难之交说。

我觉得他们的话都有道理。

（原刊于1934年9月《中学生》第47号）

早老者的忏悔

朋友间谈话，近来最多谈及的是关于身体的事。不管是三十岁的朋友，四十左右的朋友，都说身体应付不过各自的工作，自己照起镜子来，看到年龄以上的老态，彼此感慨万分。

我今年五十，在朋友中原比较老大，可是自己觉得体力减退已好多年了。三十五六岁以后，我就感到身体一年不如一年，工作起不得劲，只是恹恹地勉强挨，几乎无时不觉得疲劳，甚么都觉得厌倦。这情形一直到如今。十年以前，我还只四十岁，不知道我年龄的都说我是五十岁光景的人，近来居然有许多人叫我"老先生"。论年龄，五十岁的人应该还大有可为，古今中外，尽有活到了七十八十，元气很盛的。可是我却已经老了，而且早已老了。

因为身体不好，关心到一般体育上的事情，对于早年自己的学校生活，发见一个重大的罪过。现在的身体不好，可以说是当然的报应。这罪过是甚么？就是看不起体操老师。

体操老师的被蔑视，似乎在现在也是普遍现象。这是有着历史关系的。我自己就是一个历史的人物。三十年前，中国初兴学校，学校制度不像现在的完整。我是弃了八股文进学校的，所进的学校先后有好几个，程度等于现在的中学。当时学生都是所谓

"读书人"，童生秀才都有，年龄大的可三十岁，小的可十五六岁，我算是比较年青的一个。那时学校教育虽号称"德育智育体育并重"，可是学生所注重的是"智育"，学校所注重的也是"智育"，"德育"和"体育"只居附属的地位。在全校的教师之中，最被重视的是英文老师，次之是算学老师，格致（理化博物之总名）教师，最被蔑视的是修身教师、体操教师。大家把修身老师认作迂腐的道学家，把体操教师认作卖艺打拳的江湖家。修身教师大概是国文教师兼的。体操教师的薪水在教师中最低，往往不及英文教师的半数。

那时学校新设，各科教师都并无一定的资格，不像现在有大学或专门科毕业生。国文教师、历史教师，由秀才举人中挑选，英文教师大概向上海聘请，圣约翰书院（现在改称大学，当时也叫梵王渡）出身的曾大出过风头；算学、格致教师也都是把教会学校的未毕业生拉来充数。论起资格来，实在薄弱得很。尤其是体操教师，他们不是三个月或半年的速成科出身，就是曾经在任何学校住过几年的三脚猫。那时一面有学校，一面还有科举，大家把学校教育当作科举的准备。体操一科，对于科举是全然无关的，又不像现在学校的有竞技选手之类的名目，谁也不去加以注重。在体操时间，有的请假，有的立在操场上看教师玩把戏，自己敷衍了事。体操教师对于所教的功课似乎也并无何等的自信与理论，只是今日球类，明日棍棒，轮番着变换花样，想以趣味来维系人心，可是学生老不去睬他。

蔑视体操科，看不起体操教师，是那时的习惯。这习惯在我竟一直延长下去。我敢自己报告，我在以后近十年的学生生活

中，不曾用心操过一次的体操，也不曾对于某一位体操教师抱过尊敬之念。换一句话说，我在学生时代不信"一二三四"等类的动作和习惯会有益于自己后来的健康。我只觉得"一二三四"等类的动作干燥无味。

朋友之中，有每日早晨在床上作二十分钟操的，有每日临睡操八段锦的，据说持久做会有效果，劝我也试试。他们的身体确比我好得多，我也已经从种种体验上知道运动的要义不在趣味而在继续持久，养成习惯。可是因为一向对于上面这些厌憎，终于立不住自己的决心，起不成头，一任身体一日不如一日。

我们所过的是都市的工商生活，房子是鸽笼，业务头绪纷烦，走路得刻刻留心，应酬上饮食容易过度，感官日夜不绝地受到刺激，睡眠是长年不足的，事业上的忧虑，生活上的烦闷，是没有一刻忘怀的。这样的生活当然会使人早老早死。除了捏锄头的农夫以外，却无法不营这样的生活，这是事实。积极的自救法，唯有补充体力，及早预备好了身体来。

"如果我在学生时代不那样蔑视体操科，对于体操教师不那样看他们不起，多少听受他们的教诲，也许……"我每当顾念自己的身体现状时，常这样暗暗叹息。

（原刊于1935年10月《中学生》第58号）

整理好了的箱子

他傍晚从办事的地方回家，见马路上逃难的情形较前几日更厉害了。满载着铺盖箱子的黄包车、汽车、搬场车，街头接尾地齐向租界方面跑。人行道上一群一群地立着看的人，有的在交头接耳谈着甚么，神情慌张得很。

他自己的里门口，也有许多人在忙乱地进出，弄里面还停放着好几辆搬场车子。

她已在房内整理好了箱子。

"看来非搬不可了，弄里的人家差不多快要搬空。本来留剩的已没几家，今天上午搬的有十三号、十六号，下午搬的有三号、十九号，方才又有两部车子开进里面来，不知道又是那几家要搬。你看我们怎样？"

"搬到那里去呢？听说黄包车要一块钱一部，汽车要隔夜预定，旅馆又家家客满。倒不如依我的话，听其自然吧。我不相信真个会打仗。"

"半点钟前王先生特来关照，说他本来也和你一样，不预备搬的，昨天已搬到法租界去了。他有一个亲戚在南京做官，据说这次真要打仗了。他又说，闸北一带今天晚上十二点钟就要开火，叫我们把箱子先搬出几只，人等炮声响了再说。"

夏丏尊
自述

"所以你在整理箱子？我和你没有甚么好衣服，这几只箱子值得多少钱呢？"

"你又来了，'一·二八'那回也是你不肯先搬，后来光身逃出，弄得替换衫裤都没有，件件要重做，到现在还没添配舒齐。难道又要……"

"如果中国政府真个会和人家打仗，我们甚么都该牺牲，区区不值钱的几只箱子算甚么？恐怕都是些谣言吧。"

"……"

几只整理好了的箱子胡乱地叠在屋角。她悄然对了这几只箱子看。

搬场汽车啵啵地接连开出以后，弄里面赖以打破黄昏的寂寞的只是晚报的叫卖声。晚报用了枣子样的大字列着"×××不日飞京，共赴国难，精诚团结有望""五全大会开会"等等的标题。

他傍晚从办事的地方回家，带来了几种报纸，里面有许多平安的消息，甚么"军政部长何应钦声明对日亲善外交决不变更"，甚么"窦乐安路日兵撤退"，甚么"日本总领事声明决无战事"，甚么"市政府禁止搬场"。她见了这些大字标题，一星期来的愁眉为之一松。

"我的话不错吧，终究是谣言。那里会打甚么仗！"

"我们幸而不搬。隔壁张家这次搬场，听说花了两三百块钱呢。还有宝山路李家，听说一家在旅馆里困地板，连吃连住要十多块钱一天的开销，家里昨天晚上还着了贼偷。李太太今天到这里，说起来要下泪。都是造谣言的害人。"

"总之，中国人难做是真的——这几只箱子不知道要到甚么时候才有牺牲的机会呢？"

几只整理好了的箱子胡乱地叠在屋角。他悄然地对了这几只箱子看。

打破里内黄昏的寂寞的仍旧还只有晚报的叫卖声。晚报上用枣子样的大字列着的标题是"日兵云集榆关"。

（原刊于1935年12月《中学生》第60号）

文艺随笔

作家的妻

"你真是幸福的女人啊!"

"为甚么?"

"嫁了那样的大作家,很愉快吧。"

"作家这东西,与其和他接近,远不如读他的著作来得有趣哩。"

这是阿支巴绥夫《嫉妒》中的一节,向日读了也不觉得甚么。近因了时与作家相会,认识了不少的作家,有时还得会见作家的夫人,每每令我记起这会话来。

小说的开端

小说的开端,是作家所最苦心的处所,凡是名作家,无有不于开端的文字加以惨淡经营的。

在日本的作家中,我近来所耽读的是岛崎藤村氏的作品。岛崎氏在文章上的造诣,实堪惊叹,他的开端的文字,尤为我所佩服,随举数例如:

莲华寺是兼营着寄宿舍的。

《破戒》的开端

桥本的家的厨房里，正在忙着做午饭。

《家》的开端

拿到钟表店里去修的八角形的挂钟，又在室内柱间，依旧发出走声来了。

《出发》的开端

甚么说明都不加，开端就把阅者引入事情的深处，较之于凡手的最先叙景，或介绍主人公的来历等的作法，实在高明得多。

藤村是个自然主义作家，这种笔法，原也就是一般自然主义文学的格调，并不足异，但在藤村却似别有所自。藤村在其感想集《待着春》中，有一节就是说着这小说开端的文字的。

片上伸君的近著里有一卷《托尔斯泰传》。其中有托尔斯泰家人共读普西金的小说的一节。

"恰好托尔斯泰进来了，偶然拿起书来一看，翻开着的恰是普西金的某散文的断片，开端写着'客人群集到村庄来了'。托尔斯泰见了说：'开端要这样才好，普西金才是我们的教师，开始就把读者诱入事件的中心趣味，如果是别个作者，也许会先细写一个个的客人，可是普西金却单刀直入地进入事件的中心了。'这时在旁有一个人说：'那末请你也像这样写了试试如何？'托尔斯泰立刻走进自己的书斋里，把《安那卡莱尼那》的开端写好了。这书初稿的开端是：'阿勃隆斯希氏的家里，甚么都骚乱了。'到了后来，才像现在的样子，上面又加了'凡幸福的家庭彼此相似，不幸的家庭，皆各别地不幸，'一行的前置。"

读了这，托尔斯泰所求的东西大概可窥见了吧。又可知

道这并不是偶然的事了吧。爱托尔斯泰的不应只爱读他的著作，还应求他所求的东西。

"普西金才是我们的教师。"觉得这是托尔斯泰风的良言。

看了这段记载，可恍然于藤村文章上的见解。他的作风的所以如此，实非无故。对于托尔斯泰，虽如此共鸣，总不肯在文章上加主观的解释，这就是藤村的所以为realist的地方吧。

读圣书

近来常有许多嗜文学的青年问我读甚么书好？我不是胡适之，也不是梁启超，有系统的书目是开不出来的，照例地回答，只是问他：

"你读过基督的圣书没有？"

我不是基督教徒，却常劝青年读圣书，特别地对于想从事于文学的青年。这并不是故意与"打倒基督教"的口号反抗，也并不是在报上看了某大人物结婚用了基督教式，想学时髦，实在有别的理由。

第一，西洋文艺思潮里，基督教思想占有重要的位置，文艺作家所用的题材，都直接从圣书取得，思想也都与圣书有关，或是圣书某章的敷衍，或是反对圣书某章的。不略读过圣书的人，不能读弥尔东的《失乐园》，不能读王尔德的《沙乐美》，不能读托尔斯泰及道斯道伊夫斯奇的作品。

第二，西洋文学家文体有许多是摹仿圣书的，王尔德的《沙乐美》摹仿《雅歌》，尼采的《查拉托斯托拉》摹仿《箴言》。

现在漂亮的青年喜读王尔德的《沙乐美》，喜读尼采的《查拉托斯托拉》，而不喜读其文字所从出的圣书，真是一件可惜的事。

食物的原料是吃不来的，要经过烹调才可口。圣书是原料，原不易读，但我们要沙里淘金地从原料里烹调出可口的东西来。

（原刊于1928年1月《一般》第4卷第1期）

"中"与"无"

我在数年前，曾因了一时的感想，作过一篇题曰《误用的折中和并存》的文字（见《东方杂志》十九卷十号），对于国人凡事调和、不求彻底的因袭的根性有所指摘，对于误解的"中"的观念有所攻击，但却未曾说及"中"字的正解。近来读书瞑想所及，觉得"中"可与老子的"无"作关联的说明的。不揣浅陋，发为此文。

先把我的结论来说了吧："中"与"无"是同义而异名的东西，是一物的两面。"中"就是"无"，"无"就是"中"。

"中"字在我国典籍上最初见于《易》的"时中"。《论语》有"允执其中"，说是尧舜禹相传的话，可是《尚书》里却不见有此，《洪范》说"极"而不说"中"，"极"义似"中"。其"无偏无党，王道荡荡，无党无偏，王道平平，无反无侧，王道正直"几句，似乎亦就是"中"字的解释。把"中"字说得最丁宁反复者，不用说要推子思的《中庸》了。

尧舜禹的是否历史上实有的人物、《洪范》的真伪，以及《中庸》的是否为子思所作、老子的所谓"无"是否印度思想，这样烦琐的考证学上的议论，这里预备一概不管。姑承认"中"与"无"是中国古代的两种的思想，如果不承认，那末说世界上曾有过这两种思想也可以。因为我所要说的只是这两种思想的异同，并不想涉及其史的关系，并且"中"的观念也不是中国独有的。

事实上，"中"字在佛教的典籍里比儒书用得更多。我们只要略翻佛乘，就随处可见到"中"字。天台宗的所谓"空""假""中"三谛，法相宗于教相判释上以中道为最后之佛说，所谓第三时教，就是中道，都用着"中"字。至于龙树的《中论》，那是专论"中"字的书了

"中"是甚么？世人往往以妥协调和为"中"，这大错特错。"中"决不是打对折的意思，决不是微温的态度，决不是任何数目、程度或方向的中央部分。"中"的观念，非把它作为一元的，非把它提高到绝对的地位，竟是无法解释的东西。

"中"是具否定的性质的，"未""不""空"等都与"中"相近似。"中"的解释，至少要乞灵于这类的否定辞。换句话说，"中"就是"无"。以下试就典籍来略加论证。

先就《中庸》说，《中庸》谓"喜怒哀乐之未发谓之中"，所谓"未"，已是否定的了。朱子把"中"解作"不偏不倚，无过不及"，这和《洪范》的"无偏无党""无党无偏""无反无侧"几乎是同样的话，也都用着否定辞。孔子称舜"执其两端，用其中于民"，赞之曰："无为而治者其舜也与！"又《中庸》用"诚"字来说明"中"字，而同时说"诚者不勉而中，不思而得"。试看，"中"字与否定辞的关系何等密切啊！

不但《中庸》如此，《论语》亦然。"时中"二字见于《易》。孔子是"圣之时"者，又是主张中庸的，当然是能体得

中道的人了。而他说："予欲无言。"子贡问："子如不言，则小子何述焉？"他说："天何言哉？四时行焉，百物生焉。天何言哉？"这和说了几千卷的经的释迦，自谓"一字不说"，几乎是同样的风光了。至于《论语》中所载的尧舜禹相传的心法"允执其中"，表面上虽没有否定语气，但实则和"无"是同义语，是一观念的两面，世间种种的名相，原为分别起见，对它而有的，既"中"了，就除此以外别无所有，也就等于"无"，当然用不着再立别的名称了。

老子是"无"字的创说者。他在《道德经》里反复说"无"，"无"就是他的根本思想，但也偶然有"中"字出现。如云"多言数穷，不如守中"，"守中"就是沉默，就是不说，就是"无"。老子的所谓"无"不是甚么都没有，乃是甚么都有。他说："无为而无不为。""无"就是"自然"之意，随顺自然，不妄用己见，虽为等于不为。前面所说的孔子的"予欲无言"和释迦的所谓"一字不说"，都是和老子的"无"同样意味的话。《中庸》开端说"天命之谓性，率性之谓道"，"率性"就是自然。自然了，就无为而无不为。老子说"不自见故明，不自是故彰"，《中庸》也说"不见而章，不动而变，无为而成"，可谓一鼻孔出气的说法了。

就以上所举的例证来看，说"中"就是"无"，"无"就是"中"，似乎已不是牵强附会的事了吧。"中"的有否定性，到佛乘上更明白，"中"的否定性也因佛家的说法才更彻底更明显。

龙树《中论》反复论"中"，他在"中"字上加了"八不"

二字，叫做"八不中道"。所谓"八不"者，乃"不生亦不灭，不常亦不断，不一亦不异，不来亦不去"，这是两边否定，所谓"是非双遣"，比之于儒的"不偏""不倚""无过""无不及"和老的"不言之教""无为"之但否定一边者，不是更彻底了吗？不但《中论》如此，凡是佛典上的究竟语，无不带彻底的否定口气。佛家口里只有"否"，没有"是"，所谓"离四句，绝百非"。如《维摩诘经观阿佛品》，维摩诘述其观如来的风光云："不一相，不异相，不自相，不他相，非无相，非取相，……不此，不彼，不以此，不以彼，……无晦无明，无名无相，无强无弱，非净非秽，不在方不离方，非有为非无为，无示无说，不施不悭，不戒不犯，不忍不恚，不进不怠，不定不乱，不智不愚，不诚不欺，不来不去，不出不入，一切言语道断。"满纸但见"非""不""无"等字，这也不是，那也不是，横也不是，竖也不是，所谓真理者毕竟只是个"无所得"的"空"的东西。

"中"是否定的，"中"就是"无"。为甚么根本原理的"中"是否定的，而不是肯定的呢？推原其故，实不能不归咎于我们人类的言语的粗笨。言语原是我们所自豪的大发明，人类的所以自诩为万物之灵，最重要的一种资格就是能造言语。可是这人类所自命为了不得的巧妙的言语，在究竟原理上竟是个无灵的东西。

言语原是一种符号，人类为了要达到传授思想感情的目的，不得不用言语来作手段。但像有人自己招供"难以言语形容"的样子，这所用的手段往往不能达预定的目的，不，有时还会因了

手段抛荒目的。大概世间所谓争论者，就是从言语的不完全而生的无谓的把戏。言语的功用在分别，分别是相对的。如说大，就有中、小或非大来作它的对辞；说草，就有木、花或非草来作它的对辞。至于绝对的东西，无论如何不是言语所能表示的。把生物与无生物包括了名之为物；试问，再把物与非物包括了，名之为甚么？

绝对的东西是"言语道断"的，无法立名，不得已只好权用比较近似的名称来代替。所用的名称是相对的，二元的，而其所寄托的内容是一元的，绝对的，张冠李戴，好比汽水瓶里装了醋，很是名实不符。恐怕人执名误义弄出真方假药的毛病来，于是只好自己说了，自己再来否定。

"中"是个绝对的观念。叫做"中"，原是权用的名称。名称是相对的，于是只好用否定的字来限制解释。"中"在根本上不是"偏""倚""过""不及"等的对辞，世人误解作折衷调和固然错了，朱子解作"不偏不倚，无过不及"，也未彻底。"中"不是"偏"，亦不是"不偏"；不是"倚"，亦不是"不倚"；不是"过"，亦不是"不过"；不是"不及"，亦不是"非不及"。龙树《中论》云："因缘所生法，我说即是空，亦名为假名，亦是中道义。""中""空""假"是圆融一致的。这是他们有名的"三谛圆融"的教理。

同样，"无"亦不是"有"的对辞，彻底地说，"无"是应该并"无"而"无"之的。庄子就已有"无无"的话了。儒家释"中"，老子说"无"，都只否定一面，确不及佛家的双方否定"是非双遣"来得彻底。

在究竟的绝对的上说，好像沉默胜过雄辩的样子，否定的力大于肯定。"中"与"无"是同义而异名的东西，可是在字面上看来，"无"字比"中"字要胜得多。因为"无"字本身已是否定的，不像"中"字的再须别用"不""非""无"等否定辞来作限制的解释了。老在学说上比儒痛快，也许就在直接用了这否定性质的"无"字。神秀的"身是菩提树，心如明镜台，时时勤拂拭，勿使惹尘埃"，所以不及惠能的"菩提本非树，明镜亦无台。原来无一物，何处惹尘埃"者，不是因为神秀是肯定，而惠能却以否定出之的缘故吗？

否定！否定！否定之义大矣哉！我说到这里不觉记起易卜生的话来了，曰"一切或无"；又不觉记起尼采的话来了，曰"善恶的彼岸"。宁可被人诮我牵强附会，我想，这样说："一切"就是"无"。"一切或无"，是否定一边的见解；"善恶的彼岸"，是"是非双遣"。前者近于儒老的表出法，后者近于佛家的表出法。

（原刊于1929年4月1日《民铎》第8卷第5号）

谈　吃

说起新年的行事，第一件在我脑中浮起的是吃。回忆幼时一到冬季就日日盼望过年，等到过年将届就乐不可支，因为过年的时候有种种乐趣，第一是吃的东西多。

中国人是全世界善吃的民族。普通人家，客人一到，男主人即上街办吃场，女主人即入厨罗酒浆，客人则坐在客堂里口磕瓜子，耳听碗盏刀俎的声响，等候吃饭。吃完了饭，大事已毕，客人拔起步来说"叨扰"，主人说"没有甚么好的待你"，有的还要苦留："吃了点心去""吃了夜饭去"。

遇到婚丧，庆吊只是虚文，果腹倒是实在。排场大的大吃七日五日，小的大吃三日一日。早饭、午饭、点心、夜饭、夜点心，吃了一顿又一顿，吃得来不亦乐乎，真是酒可为池、肉可成林。

过年了，轮流吃年饭、送食物。新年了，彼此拜来拜去，讲吃局。端午要吃，中秋要吃，生日要吃，朋友相会要吃，相别要吃。只要取得出名词，就非吃不可，而且一吃就了事，此外不必有别的甚么。

小孩子于三顿饭以外，每日好几次地向母亲讨铜板，买食吃。普通学生最大的消费不是学费，不是书籍费，乃是吃的用途。成人对于父母的孝敬，重要的就是奉甘旨。中馈自古占着女子教育上的主要部分。"食不厌精，脍不厌细""沽酒，市脯""割不正"，圣人不吃。梨子蒸得味道不好，贤人就可以出妻。家里的老婆如果弄得出好菜，就可以骄人。古来许多名士至于费尽苦心，别出心裁，考案出好几部特别的食谱来。

不但活着要吃，死了仍要吃。他民族的鬼只要香花就满足了，而中国的鬼仍依旧非吃不可。死后的饭碗，也和活时的同样重要，或者还更重要。普通人为了死后的所谓"血食"，不辞广蓄姬妾，预置良田。道学家为了死后的冷猪肉，不辞假仁假义，拘束一世。朱竹垞宁不吃冷猪肉，不肯从其诗集中删去《风怀二百韵》的艳诗，至今犹传为难得的美谈，足见冷猪肉牺牲不掉的人之多了。

不但人要吃，鬼要吃，神也要吃，甚至连没嘴巴的山川也要吃。有的但吃猪头，有的要吃全猪，有的是专吃羊的，有的是专吃牛的，各有各的胃口，各有各的嗜好，古典中大都详有规定，一查就可知道。较之于他民族的对神只作礼拜，似乎他民族的神极端唯心，中国的神倒是极端唯物的。

梅村的诗道"十家三酒店"，街市里最多的是食物铺。俗语说"开门七件事"，家庭中最麻烦的不是教育或是甚么，乃是料理食物。学校里最难处置的不是程度如何提高、教授如何改进，乃是饭厅风潮。

俗语说得好，只有"两脚的爷娘不吃，四脚的眠床不吃"。中国人吃的范围之广，真可使他国人为之吃惊。中国人于世界普通的食物之外，还吃着他国人所不吃的珍馐：吃西瓜的实，吃鲨

159

鱼的鳍，吃燕子的窠，吃狗，吃乌龟，吃狸猫，吃癞虾蟆，吃癞头鼋，吃小老鼠。有的或竟至吃到小孩的胞衣以及直接从人身上取得的东西。如果能够，怕连天上的月亮也要挖下来尝尝哩。

至于吃的方法，更是五花八门，有烤，有炖，有蒸，有卤，有炸，有烩，有醉，有炙，有熘，有炒，有拌，真正一言难尽。古来尽有许多做菜的名厨司，其名字都和名卿相一样煊赫地留在青史上。不，他们之中有的并升到高位，老老实实就是名卿相。如果中国有一件事可以向世界自豪的，那末这并不是历史之久、土地之大、人口之众、军队之多、战争之频繁，乃是善吃的一事。中国的肴菜已征服了全世界了。有人说中国人有三把刀为世界所不及，第一把就是厨刀。

不见到喜庆人家挂着的福禄寿三星图吗？福禄寿是中国民族生活上的理想。画上的排列是禄居中央，右是福，寿居左。禄也者，拆穿了说就是吃的东西。老子也曾说过"虚其心实其腹""圣人为腹不为目"。吃最要紧，其他可以不问。"嫖赌吃着"之中，普通人皆认吃最实惠。所谓"着威风，吃受用，赌对冲，嫖全空"，甚么都假，只有吃在肚里是真的。

吃的重要更可于国人所用的言语上证之。在中国，吃字的意义特别复杂，甚么都会带了"吃"字来说。被人欺负曰"吃亏"，打巴掌曰"吃耳光"，希求非分曰"想吃天鹅肉"，诉讼曰"吃官司"，中枪弹曰"吃卫生丸"，此外还有甚么"吃生活""吃排头"等等。相见的寒暄，他民族说"早安""午安""晚安"，而中国人则说："吃了早饭没有？""吃了中饭没有？""吃了夜饭没有？"对于职业，普通也用吃字来表示，营甚么职业就叫做吃甚么饭。"吃赌饭""吃堂子饭""吃洋行饭""吃教书饭",诸如此类,不必说了。甚至对于应以信仰为本的宗教者,应以保卫国家为职志的军士,也都加吃字于上。在中国,教徒不称信者,叫做"吃天主教的""吃耶稣教的";从军的不称军人,叫做"吃粮的";最近还增加了甚么"吃党饭""吃三民主义"的许多新名词。

衣食住行为生活四要素,人类原不能不吃。但吃字的意义如此复杂,吃的要求如此露骨,吃的方法如此麻烦,吃的范围如此广泛,好像除了吃以外就无别事也者,求之于全世界,这怕只有中国民族如此的了。

在中国,衣不妨污浊,居室不妨简陋,道路不妨泥泞,而独在吃上分毫不能马虎。衣食住行的四事之中,食的程度远高于其余一切,很不调和。中国民族的文化,可以说是口的文化。

佛家说六道轮回,把众生分为天、人、修罗、畜生、地狱、饿鬼六道。如果我们相信这话,那末中国民族是否都从饿鬼道投胎而来,真是一个疑问。

(原刊于1930年1月《中学生》第1号)

人所能忍受的温度

一到盛暑，到处听到"热杀了热杀了"的呼号，一到严寒，到处听到"冷杀了冷杀了"的呼号。热杀与冷杀的人，实际每年都有。究竟热到了怎样程度会热杀，冷到怎样程度会冷杀呢？

在下等的动物或植物中，颇有能在很高的或很低的温度之中生活的。生物学者爱伦伯尔西氏曾在意大利耐泊利附近的伊西达岛的温泉，发见过蓝藻、硅藻和纤毛虫在摄氏八十一至八十五度的热泉中生活着的事实。据说蓝藻类的植物，即在摄氏八十七度的温度亦能生活。又德国的可蒿博士曾发见细菌的孢子，有至摄氏百度亦不死的。

生物体中的主要成分，其一即为蛋白质。蛋白质在摄氏六十度至八十度之间已要凝结。那些生物何以至八十度以上尚能生活呢？这是学者间所尚未解决的问题了。

对于寒冷，据记录，有一种鱼能在摄氏零下二十度生活，蛙能在零下二十八度生活，蜗牛中有一种竟能在零下一百二十度生活。有一个名叫兰姆的学者，曾在摄氏零下二百七十三度（物理学上绝对温度）的寒液中发见生活着的纽虫、轮虫，及其他的原生动物。

下等动物是冷血的，他们能因周围的温度而变化其体温，故比较地能忍受高温度与低温度。至于人，身体的构造极其复杂，殊难顺应过高过低的温度。因之，其身体的温度常自相调节，使有一定，叫做体温。体温通常为三十七度左右，但因了身体的部分并不平均。散热容易的部分，比较低些，鼻端的温度为二十九度至三十三度，耳壳为二十二度至二十四度。反之，肝脏等为三十八度至三十九度。

体温究由何来？为甚么是三十七度呢？原来一个成人欲保持其一日的生命，就需要二千四百"卡洛里"的热量。人在二十四小时中在体内生产这许多热量，结果体温就常为三十七度左右。这温度大都由筋肉中及肝脏肾脏的新陈代谢的化学变化而起。运动时觉得体温增高者，就是因为运动时新陈代谢作用增进的缘故。至于肝脏等的生热，可以从血液来证明。血液流入肝脏，再由肝脏流出，由肝脏出来的血液比之未入肝脏前的温热。

体温因身体的部分而不同，又在一日之中亦有若干的变化。但在大体上，不论东洋人，西洋人，住在赤道附近的南洋人以及住在零下几十度的寒地的爱斯克马人，体温都在三十六度至三十七度之间。除了特别的情形以外，可以说是一定的。

外界的温度虽然变化，而体温能自己调节至某一定的程度，这是恒温动物的特征。下等动物并没如此的装置。人的头脑间有一种"温度调节中枢"，这又分为温中枢与寒中枢二者，专司温度的高低，使常保持一定的度数。

外界温度过低的时候，一、分布在皮肤中的血管就收缩起来，使其中流注的血液量减少，发散于身体表面的热量也跟了减少。二、体内的营养分，特别是脂肪等旺盛地燃烧。发出多量的

热来。又，身体接触寒气，因了战栗的结果，筋肉中发生一种自然运动，也会生热。人在冬季的喜食肉类与瑟瑟地作寒态，就为了此。

反之，外界温度过高的时候：一、皮肤的血管扩张。血液多量流注血管，把热旺盛地从身体表面发散。二、汗的分泌量增多，因其蒸发把热发散。

因有这样的调节，人体的温度得以保持平均。此外还有补助这调节的方法，如冬日着毛裘、加项围，夏日着薄衣、携扇子等都是。这样，人因了自然的与补助的方法调节其体温，使之一定。但这所谓一定究是有限度的，对于非常的高温度或低温度，情形自当别论。

在同一季节里，住在热带的人到温带地方来就觉得凉，住在寒带的人到温带地方来则觉得热。这并不是热带的人与寒带的人体温不同，他们的体温都在三十六度至三十七度之间。体温相同面对外界的温度感觉各异者，实因人对于温度的感觉本来是比较的缘故。我们试把左手浸在冷水里，右手浸在热水里，过了若干时候，再把两手齐浸入于温水之中，则左手觉得热而右手觉得冷了。人对于温度的感觉不同，可用此理由来说明。

又，同一温度，因了热的传导的难易，人的感觉也大有差异。例如，人对于同一的温度的空气与水，感觉就大不相同。空气在十八度时，对于人恰好，自二十五度至二十八度就觉温暖，二十八度以上则颇觉得热了。至于水，十八度时很觉得冷，自十八度至二十九度还觉得冷，三十四度至三十九度，对于人恰好，三十五度半以上才觉得温暖，三十七度半以上才觉得热。

空气一到华氏百度，大家就叫热，要想法避暑，其实华氏百度只相当于摄氏三十七度七，比体温相差不满一度。要是空气变了水，便毫没有甚么。这样温度的浴水，我们浸在里面并不觉得过热的。又，同是空气，因了干燥与潮湿，感觉也大不同。潮湿的空气分外使人感到热。在热的时候，皮肤血管扩张，血液多量流动，汗汁的分泌旺盛。因了蒸发作用，体热得以发散，感到凉爽。可是空气潮湿时，外界水蒸气的含量较多，压迫皮肤血管，汗的分泌因而困难，于是就格外觉得热了。黄梅天气的比伏天难熬，就因为这理由。人对于冷热的感觉何等不正确啊！

人的体温有一定的调节，而对于温度的感觉又有种种差异。但这都是有限度的，外界的温度过高或过低时，调节就会失其效力，差异也无从说了。据可靠的研究，人的体温超过摄氏四十二度就要热死，降到十九度以下就要冷死。人所能忍受的体温，只在四十二度与十九度之间。外界温度过高时，体温来不及发散只管上升，结果中枢神经麻痹，至于人事不省，昏晕倒毙。温度过低时，那本来会收缩的血管因酷寒而麻痹，反而扩大，血液分外多量向血管集注，结果引起脑贫血，昏迷僵死。

（原刊于1932年7月《中学生》第26号）

文学的力量

文学的有力量是事实。在几千年前，我们中国就知道拿文学来做移风易俗、改革社会的工具，这用现在的用语来说，就是所谓文艺政策。足见文学的力量，自古就已经大家承认的了。到了现在，因了印刷与交通的进步，识字者的增多，文学的力量愈益加增。我们可以说，文学的力量是非常之大的，只要看《黑奴吁天录》一书使黑奴得到解放，青年人读《少年维特的烦恼》有因而致自杀者，便可以明了。所以文学之有力量已是明白的事实，无须费词。今天所要讲的是以下三点：第一，文学的力量从何而来；第二，文学力量的特点；第三，文学对于读者发生力量需要甚么条件。

一、文学的力量从何而来

我以为要讲文学的力量发生，应先讲文学的本身。文学的作品如诗歌小说之类，和"等因奉此"的公文、"天地元黄、宇宙洪荒"的千字文性质不同。文学的特性第一是"具象"。我们平常说话不一定是文学的，但如果用文学的方法来说，便成为文学的了。譬如我们说"日子过得很快"，这句话语不足称为文学。如果我们要使它文学化，第一就应当使其能够使人感觉到，即是使其具象化。于是我们便说："流光容易把人抛，红了樱桃，绿了芭蕉。"这样便成为文学的说法了。为甚么？因为后边的一句是具象化的，

"抛""红""绿""樱桃""芭蕉"，都是可用感觉机关来捉摸的事象，比"日子过得很快"的说法有声有色得多。再好像我们听见人家说某某地方打仗，死了很多人。这句话当然使我们感动，但若我们果然亲身到了那个地方，眼睛看见累累的尸身，狰狞可怖，那我们所得的印象一定更深了。可见愈具象的事情愈能使人感动。文学的力量也是同样发生的。通常说，中国人胆子小，爱面子，爱虚荣，因为了这些劣根性，于是中国人到处吃亏。但是只讲我们中国人有这些不良的品性，我们听了感动甚少。经鲁迅在《阿Q正传》中，假了名叫阿Q的一个人，加以一番具体的描写，便深刻多了。

　　文学的力量是从"具象"来的，不具象就没有力量。

　　文学的特性，第二是情绪的。这情绪也是使文学有力的一个条件。大凡告诉人家一件事情使他去做，有好几种的方法，或是用知识，或是诉之于情感。知识能够使人知道"如此这般"，但是很不容易使人实行。如果用情感就不同了。我们用情感使人做一件事，若是能使对方动情，对方自然便去做了。所谓"情不自禁"者，就是指这现象的话。文学的作品并不告诉人家如何如何，只把客观的事实具象的写下来，使人自己对之发生一种情绪，取得其预期的效果。

　　以上是讲文学本身发生力量的缘由。次之，文学的力量还可以从文学作者发生。文学作者的敏感，也是使文学有力量的原因。所谓文学作者，便是那些感情和观察力比较常人来得敏捷的写作的人：普通人看不见的，他们能够看见；普通人感觉不到的，他们感觉得到；普通人想不到的，他们也想得到。因为文学作者对于社会、对于事物的观感，比常人特别强，所以社会有变动时，先觉者

往往是文学作者。世间事件所含奥秘，一般人往往不能见到，经文学作者提醒以后，方才注意及之。譬如讲到妇女解放问题，最初发动的是文学作者易卜生，他的名剧《娜拉》便是妇女解放的先声。美洲的黑奴解放，普通人都归功于《黑奴吁天录》书。因为人生很微细的地方，文学作者都能看得到，因而把他的敏感观察得到的东西发为创作，自然会使人佩服，对读者有力量了。

所以，文学的力量的来源，可以分做两部分：第一从文学本质而来的，由于具象，由于情绪。第二是从文学作者方面来的，便是由于作者的敏感。

二、文学力量的特点

文学的力量是感染的力量，不是教训。教训的力量是带有强迫性的，文学的力量是没有强迫性的，是自由的。近来常有一种作品，带着浓厚的教训性，露骨地显露着某种的教训。这些作品往往缺乏具象与真实的情绪，与其说是文学作品，不如说是口号的改装。口号是一种号令，具有强烈的强迫性，真正的文学的力量，性质决非如此。文学并非全没教训，但是文学所含的教训乃系诉之于情感。文学对于世界，显然是负有使命的。文学之收教训的结果，所赖的不是强制力，而是感染力。良师对于子弟，益友对于知己，当施行教训的时候，常极力避用教训的方式，而用感化的方法，结果往往得到更大的功效。文学的力量亦正如此。

三、文学对读者发生力量的条件

文学的力量是不普遍的。文学需要着读者，某作家做了一本小说，如果国内读的人有了一万万，这一万万人也许都受了这本小说的感动，而还有三万万人没读这本小说的，是无法直接感动的。并且，一种文学作品并非对于任何读者都能发生效力。文学作品要对于读者发生效力，其主要条件是作者和读者之间的"共鸣"。作品对于读者有共鸣作用的便有力量，没有共鸣作用便无力量。这共鸣作用因空间时间而不同，因人的思想环境有别而各异。譬如讲失恋故事的作品，在我这个未曾尝过恋爱滋味的人读了，是不甚会发生共鸣的；西洋小说里面讲基督教的部分，在不懂基督教的人看来是不会发生兴趣的。一个作品里所表现的东西常有一般的与特殊的两种，大概描写一般的人性的东西，容易使多数人感动，对多数人发生有力量；至于叙写特殊的境遇的东西，如失恋的痛苦、孤儿的悲哀之类的东西，非孤儿和未曾尝过恋爱的滋味的人看了，感动要比较少。《红楼梦》是一部著名的小说，写林黛玉有许多动人的地方，但是这书在一百年前的闺秀眼中和在现今的"摩登"小姐眼中，情形便不一样，她们的感受一定不大相同。某种作品有某种读者，《啼笑因缘》的读者和《阿Q正传》的读者，根本上是不同的人。

把上面的话归纳起来，就是：文学是有力量的。文学的力量由具象、情绪和作者的敏感而来；文学的力量，其性质是感染的，不是强迫的；文学作品对于读者发生力量，要以共鸣作用为条件。

（原刊于1933年8月《上海市教育局无线电广播演讲集》）

原始的媒妁

媒妁者叫做"月老",这典故据说出于《续幽异录》所载唐韦因的故事。据那故事:月下老人执掌人间婚姻簿册,对于未来有夫妻缘分的男女,暗中给他们用红丝系在脚上。月下老人就是司男女婚姻的神。

古今笔记中常见有"跳月"的记载,说某些民族每年择期作"跳月"之会,聚未婚男女在月下跳舞,彼此相悦,即为配偶。陆次云有一篇《跳月记》,述苗人跳月的情形非常详尽。

把上面两段话联结了看来,月亮与男女的结合似乎很有关系。男女的结合发生于夜,婚姻的"婚"字原作"昏",就是夜的意思。说虽如此,黑夜究有种种不便,在照明装置还非常幼稚或竟缺如的原始社会,月亮就成了婚姻的媒介者。中国月下老人的传说也许是唐以后就有的,无非是把月亮加以拟人化罢了。月下老人其实就是月亮的本身。

在我们现代,"跳月"的风习原已没有了,可是痕迹还存在。日本有所谓"盆踊"(bonodori)者,至今尚盛行于各地。"盆"即"于兰盆"之略语,为民间祭名之一,日期在旧历七月十五。日本每至七月十五前后,各地举行盆祭,男女饮酒跳舞为乐,较我国之兰盆会热狂得多,因此常发生攸关风化的事件。

中国各乡间迎神赛会，日期亦常在月圆的望日，吾乡（浙东上虞）的会节差不多都在旧历月半，如"正月半""三月半""六月半""八月半""九月半""十月半"之类。届时家长迎亲接眷，男女都盛装了空巷而往。观于从来有"好男不看灯，好女不游春"之诫，足以证明这是"跳月"的变形了。吾乡最盛的会是"三月半"，无妻的男子向有"看过三月半，心里宽一半"的谣谚。意思是说：会场上有女如云，不怕讨不着老婆。

月亮对于男女的关系似并不偶然，莫泊桑有一篇描写性欲的短篇，就叫《月光》。由此类推去看，古来名句"月上柳梢头，人约黄昏后"是具着有机的技巧的，那都会中作为男女情场的跳舞厅与影剧院中的电灯光，其朦胧宛如月夜，也是合乎性心理的了。

（原刊于1933年9月《中学生》第37号）